Michael Moll

Ab ins Grüne

Ausflüge rund um die Ruhrstädte und Düsseldorf

via reise verlag

Inhalt

Niederrhein & Westliches Ruhrgebiet

Rund um Essen

Rund um Bochum

Rund um Dortmund

Rund um Düsseldorf

Liebe Leserinnen und Leser,

von der weiten Ebene des Niederrheins bis in die alte Stadt Unna, von Haltern am See bis zum Bergischen Land: Die Region rund um die Ruhrstädte und Düsseldorf hat jede Menge sehenswerte Reiseziele zu bieten. Eine vielfältige Kulturlandschaft mit Naturparks, Seen, Schlössern und Gärten, Freizeitparks und historischen Orten wartet darauf, entdeckt zu werden. Besonders reizvoll sind auch die vielen renaturierten Industrie-Areale.

Der strukturelle Wandel in einem der größten Ballungsgebiete Europas ist nicht zu übersehen. Von der einstigen Zechenlandschaft des Ruhrgebiets blieben nur noch einige wenige Industrieanlagen zurück, die heute zu Kulturdenkmälern umgewandelt wurden, während Abraumhalden als begrünte Aussichtspunkte genutzt werden. Nicht umsonst ist Essen stellvertretend für das Ruhrgebiet zur Kulturhauptstadt Europas 2010 gewählt worden.

Neben der Kultur darf die Natur jedoch nicht vergessen werden. Erholsame Ausflugsziele vor den Toren der Ruhrstädte und Düsseldorfs finden sich zuhauf. Sei es eine klassische Radtour auf dem Ruhrtalradweg, eine Wanderung im Kaldenkirchener Grenzwald, ein Spaziergang durch den Maximilianpark in Hamm oder ein Schiffsausflug ab dem Mülheimer Wasserbahnhof – 56 dieser Ziele an Rhein und Ruhr werden in diesem Buch ausführlich beschrieben. Dank des dichten Verkehrsnetzes im Verkehrsverbund Rhein-Ruhr sind alle Touren auch einfach und bequem mit öffentlichen Verkehrsmitteln zu erreichen. Mit der S-Bahn, dem Regionalexpress und unzähligen Stadtbahnen und Bussen fährt es sich sicher, umweltfreundlich und schnell durch das Herzstück Nordrhein-Westfalens.

Wir wünschen Ihnen viel Spaß bei den Ausflugsfahrten rund um die Ruhrstädte und Düsseldorf.

Der Autor
Michael Moll, geboren 1974, ist Verfasser vieler Reisebücher. Neben der weiten Welt hat ihn auch immer seine Heimatregion zwischen Rhein und Ruhr begeistert.

Niederrhein & Westliches Ruhrgebiet

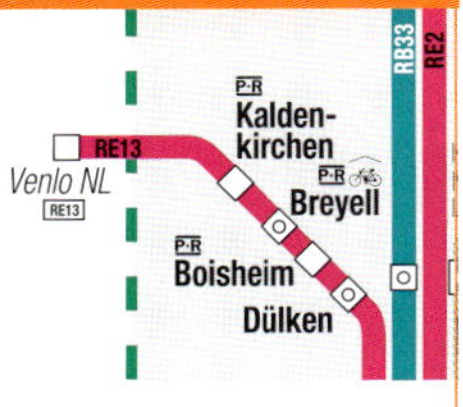

Start
Kaldenkirchen Bhf.
(RE 13 stündlich ab Viersen Bhf.)

(Rad-)Wanderung
Für größere Kinder geeignet

Länge
5 km (einfach, bis Grenze)

Geo-Hydrologischer Wassergarten
Buschstraße 98
41334 Nettetal
Tägl. von 9-19 Uhr (März-Okt.)
☎ (02153) 95 88-0
Eintritt frei

Sequoia-Farm
Buschstr.98
41334 Nettetal
☎ (02157) 1 20 50
Besucher bitte vorher anmelden, Eintritt frei

KALDENKIRCHEN ▪ GRENZWALD

Grenzgänger

Heute gehen wir bis an die Grenze. Und darüber hinaus. Denn diese Tour führt in den Grenzwald bei Nettetal-Kaldenkirchen, der sich bis in die Niederlande erstreckt. Hier kann man nicht nur gut wandern, sondern auch Mammutbäume bestaunen und etwas über den Kreislauf des Wassers erfahren.

Der **Naturpark Maas-Schwalm-Nette** ist ein grenzüberschreitendes Projekt und umfasst eine Fläche von ca. 870 Quadratkilometern. Auf beiden Seiten der Grenze existieren mehrere Informations- und Naturparkzentren, die über die Geschichte des Parks Aufschluss geben und über die Sehenswürdigkeiten informieren.

Die Stadt **Nettetal** liegt mitten im Naturpark Maas-Schwalm-Nette, der Ortsteil **Kaldenkirchen** ist ein beliebtes Ausflugsziel bei Wanderern und Radfahrern. Kaldenkirchen liegt gleich neben einem Waldgebiet, nur rund 1000 Meter von der Grenze entfernt. Bevor es in den Grenzwald geht, lohnt sich ein Besuch im alten Ortskern von Kaldenkirchen. Am Ostring steht die neugotische Pfarrkirche St. Clemens, früher auch Klosterkirche. Die Reste eines Frauenklosters liegen nördlich des Kirchenchores, während das ehemalige Mönchshaus des Brigittiner-Doppelklosters hinter der Fassade des Pfarrhauses von 1844 verschwindet.

Über die Grenzwald- und Knorrstraße gelangen wir in den Wald hinein. Auf dem Weg sehen wir rechts und links mehrere Baumschulen, in denen verschiedene Baumarten gepflanzt und teilweise auf sehenswerte Formen zurecht geschnitten werden. Je tiefer wir auf dem zunächst asphaltierten Weg in den Wald hinein gelangen, umso öfter sehen wir gut ausgeschilderte Wanderwege. Einer davon führt nach rechts zum Geo-Hydrologischen **Wassergarten.** Durch ein Holztor gelangt man direkt in einen kleinen Pavillon, in dem über die Entstehung des Gartens informiert und ein typischer Wasserkreislauf erklärt wird. Auf rund 10 000 Quadratmetern verläuft ein 130 Meter langer Bach durch den Wassergarten. Auf der rechten Seite befindet sich auf einer kleinen Anhöhe, versteckt unter Bäumen, die Quelle und lädt zum Beginn des Rundweges ein. Nachgestellte Regenwasserrückhaltebecken und Pflanzenkläranlagen werden auf dem Lehrpfad demonstriert und erklärt, während um sie herum verschiedene Landschaftsformen, insbesondere die des Niederrheins, nachgestellt wurden.

Im Kaldenkirchener Grenzwald

Gleich neben dem Wassergarten befindet sich die **Sequoia-Farm,** eine weitere beliebte Natursehenswürdigkeit bei Kaldenkirchen. Dieses Arboretum wurde zu Testzwecken in der Zeit nach dem II. Weltkrieg angepflanzt. Das Biologen-Ehepaar Martin wollte herausfinden, ob die auf dem Nordamerikanischen Kontinent heimischen Riesenmammutbäume (Sequoien) auch in Deutschland gedeihen können. Heute befinden sich mehr als sechshundert Gehölze in der Sequoia-Farm, doch hauptsächlich geht es, wie der Name schon verrät, um Mammutbäume aus Nordamerika. Besuchern ist die Farm allerdings nur nach Anmeldung zugänglich.

Weiter südlich im Wald sind verschiedene Heidemoorgebiete zu entdecken, darunter das **Galgenvenn,** das auch einem Ausflugsrestaurant seinen Namen gab. In westlicher Richtung können wir die **Grenze zu den Niederlanden** überqueren, allerdings erscheinen auf „holländischer" Seite bald typische Gewächshäuser und später eine Autobahn, bevor man an das Ufer des Flusses Maas gelangt. Am südlichen Waldrand auf holländischer Seite liegt der Campingplatz „De Eeckhorn" (das Eichhörnchen) mit einem See.

Restaurant-Café Haus Galgenvenn
Knorrstr. 77
41334 Nettetal
☎ (02157) 67 57
www.haus-galgenvenn.de
Küche: Di-Sa 18-21 Uhr, So 12-14 (kleine Karte) und 18-21 Uhr
Cafébetrieb: Di-Fr ab 13 Uhr, Sa ab 11, So ab 10 Uhr
Mit Terrasse, mitten im Grenzwald

Start
Xanten Bhf.
RB 31 ab Duisburg Hbf.
20 Min. zu Fuß auf ausgewiesenen Wegen

Spaziergang
Freilichtmuseum
Für Kinder geeignet

Archäologiepark Xanten (APX)
Wardter Straße/Varusring
46509 Xanten
☎ (02 80 1) 29 99
www.apx.de
März-Okt. 9-18 Uhr,
Nov. 9-17 Uhr,
Dez.-Febr. 10-16 Uhr.
Kinder unter 6 Jahren Eintritt frei, sonst 2,50 €,
Erwachsene 6,50 €,
Familienkarte 13 €.
Römermuseum:
Erwachsene 5 €,
Kinder 2,50 €
Kombitickets für Römermuseum und Park:
Erwachsene 9 €, Kinder 4,50 €

Civis Romanus sum bedeutet übrigens „Ich bin ein Bürger Roms".

XANTEN ▪ ARCHÄOLOGISCHER PARK

Civis Romanus sum

Wir schreiben das 21. Jahrhundert. Ganz Deutschland steht unter der Führung Berlins. Ganz Deutschland? Nein, ein kleines unbeugsames Dorf am Niederrhein hört nicht auf, dem Eindringling Widerstand zu leisten. Zugegeben, ganz so schlimm ist es natürlich nicht, aber das Römische Reich scheint in Xanten weiter zu leben.

Das größte archäologische Freilichtmuseum Deutschlands befindet sich auf dem Boden der berühmten Ortschaft Colonia Ulpia Traiana. Berühmt war diese natürlich nur zu Zeiten der Römer, heute kennt man sie unter dem Namen **Xanten.**

Dort befindet sich der Archäologiepark, kurz auch APX genannt. Er lädt dazu ein, zwischen rekonstruierten Bauwerken der Römer und den Straßen der einstigen Stadt zu wandeln. Umrahmt wird der Park von einer großen Hecke, die die historische Stadtmauer darstellt. Große rechteckige und quadratische Rasenflächen, umgeben von Baum bestandenen Alleen, waren einst die Wohnviertel der Römerstadt. Heute kann man sich auf Ihnen erholen, picknicken oder Sport treiben.

Höhepunkte des **Archäologieparks** sind jedoch die Bauten der Römer. So ragen die Säulen des Hafentempels weit sichtbar über den Bäumen hervor und repräsentieren den römischen Baustil. Nicht weniger imposant ist das Amphitheater, das auf echten römischen Fundamenten nachgebaut wurde. Im Amphitheater finden regelmäßig Aufführungen und ein sehenswertes Römerfest mit dem Motto „Brot und Spiele" statt.

In den Sommermonaten lohnt eine Fahrt nach Xanten besonders an den Wochenenden, wenn in den römischen Werkstätten Schuster und Knochenschnitzer ihr Können und ihre Produkte präsentieren oder die Gewürzvielfalt der Römer aus dem eigens angelegten Kräutergarten gezeigt wird. Die Akteure sind natürlich stilecht gekleidet.

Damit das Thema Archäologie aber auch nicht zu kurz kommt, werden zudem kostenlose Führungen zu den aktuellen Ausgrabungsstätten durchgeführt. Denn trotz des Parkcharakters handelt es sich beim APX immer noch um eine archäologische Fundstätte.

Eine weitere Attraktion ist das **Römer-Museum** direkt am Archäologiepark. Es wurde als Schutzbau über den Badethermen errichtet und präsentiert eine chronologische Ausstellung über die fast 400 Jahre lange Geschichte der Römerherrschaft in Xanten und am Niederrhein.

Doch Xanten ist nicht nur bekannt für seine Ausgrabungsstätte, sondern hat auch einen weithin sichtbaren **Dom** zu bieten, der auf dem Rückweg zum Bahnhof noch einen Besuch wert ist. Dieser wurde vom 13. bis zum 16. Jahrhundert erbaut und gilt als der größte Dom zwischen Köln und der Nordsee. Ihren Name verdankt die Kathedrale dem Heiligen Viktor, der im 4. Jahrhundert in einem Amphitheater des südlichen Xantener Stadtteils Birten hingerichtet worden sein soll.

Römische Herberge
Archäologischer Park 2
46509 Xanten
☎ (02 80 1) 34 15
www.roemische-herberge.de
Febr./Nov.-Dez. tägl. 10-16 Uhr, März-Okt. tägl. 9.30-18 Uhr.
Römische Speisen, jeden 3. Sa im Monat kann man auch römische Spiele nacherleben.

Grillhütte
Im Park kann nach Reservierung eine Grillhütte für bis zu 40 Personen angemietet werden.

Der Hafentempel wurde teilweise rekonstruiert

TOUR 3

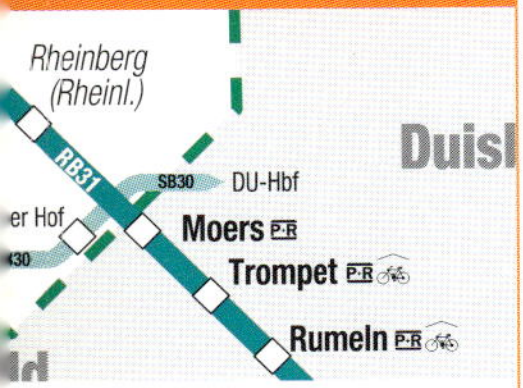

Start
Moers Bahnhof
RB 31, alle 30 Min. ab Duisburg Hbf.

Radtour
Industriekultur

Rückfahrt
Rheinberg Bhf.
RB 31, alle 30 Min.

Länge
ca. 25 km

MOERS ▪ KAMP-LINTFORT ▪ RHEINBERG

Berg- und Talfahrt

Ein historischer Marktplatz, eine renaturierte Abraumhalde, ein sehenswertes Kloster und die alte Stadt Rheinberg – das sind die Ziele auf der heutigen Radtour am Niederrhein.

Wir starten unsere Radtour am Bahnhof **Moers.** Bevor wir die Innenstadt verlassen, um zur Halde Rheinpreußen zu radeln, bietet sich ein Abstecher in die Altstadt an. Dafür wenden wir uns am Bahnhof links in die Homberger Straße und fahren immer geradeaus, bis wir die Fußgängerzone mit dem sehenswerten historischen Altmarkt erreichen. Ganz in der Nähe erhebt sich auch das **Moerser Schloss,** Wahrzeichen der Stadt. Der älteste Teil dieser Schlossanlage, ein Turm, von dem heute nur noch das Erdgeschoss existiert, stammt noch aus der Zeit um 1200. Das Schloss ist somit das älteste erhaltene Gebäude der Stadt, die erst ein Jahrhundert später die Stadtrechte verliehen bekam. Heute beherbergt das Moerser Schloss ein Theater und ein Heimatmuseum. Der Schlosspark wurde 1836 im Stil eines englischen Landschaftsgartens angelegt und gehört als Baudenkmal zur so genannten Straße der Gartenkunst an Rhein und Maas (▶ Seite 16).

Pumpenhaus in der Altstadt von Moers

Nach diesem Abstecher in die Altstadt von Moers machen wir uns auf den Weg zur **Halde Rheinpreußen.** Dafür radeln wir zum Bahnhof zurück und folgen von dort der Radroute (über Kirschenallee, Moselstraße, Lindenstraße, Glückaufstraße und Forststraße) bis zur Bahnunterführung. Hinter dieser fahren wir scharf links in die Gutenbergstraße. Der Zugang zur Halde befindet sich direkt am Beginn der

Blick vom Geleucht

Gutenbergstraße, die mit der Römerstraße einen Kreisverkehr bildet.

Wir stehen nun am Fuße der Halde Rheinpreußen. Die 70 Meter hohe Halde war eine der ersten der Region, die renaturiert wurde. Daher erwarten uns dichtes Buschwerk sowie kleinere Wälder. Oben angekommen, bietet sich ein wunderbares Panorama: In Richtung Osten blickend können wir gut die Brücken über den Rhein sehen, der an dieser Stelle in einer weiten Schleife fließt.

Wie auf vielen Halden im Ruhrgebiet, gibt es auch auf Rheinpreußen eine besondere Sehenswürdigkeit: ein 28 Meter hoher Aussichtsturm, der wie eine überdimensionale Grubenlampe aussieht. Dieser Turm, auch **Geleucht** genannt, soll an die Arbeit der Bergwerker erinnern. Im Inneren des Geleuchts ist die Schutzpatronin der Bergleute, die Heilige Barbara, als schmiedeeiserne Skulptur angebracht.

Von der Halde Rheinpreußen geht es mit dem Rad 9 Kilometer meist auf Nebenstraßen weiter in Richtung Kamp-Lintfort. Dafür nehmen wir die geradeaus führende Mollbergstraße und folgen der Streckenführung durch das Wohngebiet.

Grafschafter Museum im Schloss Moers
Kastell 9
47441 Moers
☎ (0 28 41) 2 80 94
Di-Fr 9-18 Uhr
Sa/So 11-18 Uhr
Erw. 2 € , erm. 0,50 € , Familien 3,50 €
Museum zur Geschichte der Grafschaft Moers und des Schlosses, wechselnde Ausstellungen

Kloster Kamp
Abteiplatz
47475 Kamp-Lintfort
☎ (02 84 2) 40 41
www.kloster-kamp.de und www.zentrum-kloster-kamp.de

Terrassengarten am Kloster Kamp
8 Uhr bis zum Einbruch der Dunkelheit, (Okt.-März ab 9 Uhr)
Eintritt frei

Klostercafé
im Refektorium
Kaffee, Kuchen und weitere Speisen auf Spendenbasis
Tägl. 11-17 Uhr,
Sa erst ab 14 Uhr
Im Garten des Cafés befindet sich eine große Voliere

Restaurant Haus Bieger
Abteiplatz 11
47475 Kamp-Lintfort
☎ (02 84 2) 92 19 90 0
Ruhiger Biergarten direkt vor dem Kloster.

Nachdem wir an der Rathausallee wieder heraus gekommen sind, geht es links weiter über die Lintforter Straße. An der Kamper Straße rechts und links in die Harbeckstraße – so erreichen wir schließlich die Stadt **Kamp-Lintfort.** Um zum Kloster Kamp zu gelangen, durchqueren wir den Ort zunächst auf der Ebertstraße. Nach einem kurzen Stück entlang der vielbefahrenen Moerser Straße (Radweg) fahren wir durch den Stadtteil Geisbruch. Zu guter Letzt kommen wir an der Rheurdter Straße heraus, der wir noch einige Meter nach links folgen.

Bald ist auf der rechten Seite schon der Garten des **Klosters Kamp** zu sehen, geistliches und kulturelles Zentrum der Region.

Die Klosteranlage liegt auf einem Hügel, der jedoch bei Weitem nicht so hoch ist wie die Halde Rheinpreußen. Sie gilt als das erste Kloster der Zisterzienser im deutschsprachigen Raum und wurde in der ersten Hälfte des 12. Jahrhunderts gegründet. Der ursprüngliche romanische Bau ist allerdings nicht mehr erhalten, der Neubau stammt aus dem 17. Jahrhundert. Auffällig sind die hübschen Zwiebeltürmchen und der Dachreiter der Abteikirche, die noch den Chor eines Vorgängerbaus aus dem 15. Jahrhundert beherbergt. Unbedingt sehenswert ist neben der Orgel im Inneren des Gotteshauses der Klostergarten. Am Klostergebäude entlang gelangt man zu den Terrassen, die in den gepflegten Garten mit seinen zwei Springbrunnen hinab führen. Von unten wiederum hat man einen schönen Blick auf die Abteikirche auf dem Hügel und die davor stehenden Zierbäume. Neben dem Klostergarten existiert zudem noch ein 600 qm großer Kräutergarten, der auf Veranlassung einer ansässigen Ärztin im Jahr 1997 geschaffen wurde.

Als Tipp sei noch der benachbarte Blumengarten erwähnt, aus dem man sich auf Vertrauensbasis und mit Bezahlung in einer Blechdose Blumen pflücken darf.

Vom Kloster Kamp ist es nicht mehr weit bis zum 8 Kilometer entfernten Städtchen **Rheinberg** mit seinem sehenswerten alten Stadtkern. Um dorthin zu kommen, folgen wir der ausgeschilderten Niederrhein-Radroute, die parallel, aber doch in einiger Entfernung (westlich) zur Rheinberger Straße verläuft.

Die Altstadt Rheinbergs liegt östlich des Bahnhofs. Sie ist von einer weitgehend erhaltenen Wallanlage aus dem Mittelalter umgeben. Innerhalb des Walls finden wir den historischen Markt mit dem alten Rathaus im gotischen Stil und der Katholischen Kirche St. Peter. Das Gotteshaus mit romanischen und gotischen Elementen feierte 2006 sein 900jähriges Bestehen. Im Stadtpark südlich der Altstadt noch eine erwähnenswerte Sehenswürdigkeit: der **Spanische Vallan.** Dieser sechseckige Turm aus dem 18. Jahrhundert steht auf einem kleinen aufgeschütteten Hügel. Sein Name erinnert an den Dreißigjährigen Krieg, als wallonische Soldaten unter spanischer Flagge die Stadt attackierten.

Klostergarten von Kamp-Lintfort

Start
Krefeld-Linn
RB 33 alle 30 Min.
ab Duisburg oder
Krefeld Hbf.

Spaziergang

Länge
2 km einfach (ohne Abstecher zum Rhein)

KREFELD-LINN

Mit dem Rad in die Vergangenheit

Der charmante Krefelder Ortsteil Linn mit seinem historischen Stadtkern lohnt den Besuch. Eine mittelalterliche Wasserburg, zwei Parks und eine Wassermühle sind nur einige der Attraktionen.

Vom Bahnhof Linn nehmen wir die Straße Bruchfeld nach links. Dabei bleiben wir direkt an der Bahnstrecke und erreichen über den schmalen Fuß- und Radweg die Straße Hausbend, in die wir nach links einbiegen und die Gleise unterqueren. Schon an der ersten Kreuzung sehen wir auf der rechten Seite den Park der Burg Linn. Dieser ist Teil der **Straße der Gartenkunst** zwischen Rhein und Maas, an der herausragende Gärten und Parks liegen. Auch die Ausflugsziele Klostergarten Kamp-Lintfort (▸ Seite 12), Schlosspark Benrath (▸ Seite 156), das Neandertal (▸ Seite 162) sowie die Schlossparkanlagen von Mönchengladbach Rheydt und Wickrath (▸ Seite 1) zählen zu dieser Touristikstraße.

Der Landschaftspark aus dem 19. Jahrhundert umrahmt die mittelalterliche **Burg Linn,** die beim Näherkommen bald ins Auge fällt. Schon im 2. Jahrhundert n. Chr. gab es an dieser Stelle einen Wohn- und Wehrturm, der später von einem hölzernen Wachturm abgelöst wurde. Im Laufe der Jahrhunderte hat man das Bauwerk immer weiter ausgebaut, so dass Burg Linn zu einer der größten Wasserburgen der Region wurde. Nachdem die Burg im 18. Jahrhundert während des Spanischen Erbfolgekriegs durch preußische Truppen komplett zerstört worden war, begann man vor fast einhundert Jahren mit ihrem Wiederaufbau. Heute befindet sich im Inneren das Museumszentrum

Idylle in der Linner Altstadt

Burg Linn mit einer Ausstellung über die Geschichte des Niederrheins – von den Jägern und Sammlern über die Römer bis hin zur Neuzeit.

In der Vorburg steht das Jagdschlösschen, in dem Bürgerzimmer aus dem 18. und 19. Jahrhundert untergebracht sind. Gleich daneben kann der Besucher in einem hölzernen Unterstand historische Feuerlöschzüge sowie Kutschen bewundern.

Burg Linn

Von dort geht es weiter in das mittelalterliche **Linn,** das sich mit einigen denkmalgeschützten Bauten präsentiert. Einer davon ist das backsteinerne Zollhaus am Südrand der Altstadt. Am Andreasmarkt befindet sich das **Deutsche Textilmuseum,** das mit über 25 000 Exponaten eine der führenden Ausstellungen auf dem Gebiet von Textilien und Bekleidungsstücken beherbergt.

Über die Margarethen- und Rheinbabenstraße erreichen wir die Pfarrkirche sowie das geduckt wirkende Torwächterhaus. Gleich dahinter befinden wir uns wieder im Grünen. Hinter dem Bach biegen wir rechts in den Weg Am Mühlenhof ein und erreichen die dortige ehemalige kurfürstliche **Wassermühle.** Um die Ecke steht auch das dazugehörige Wasserrad.

Direkt neben dem Wasserrad gelangen wir durch die grüne Landschaft am Linner Mühlenbach entlang in den benachbarten **Greiffenhorstpark.** Der Park erstreckt sich an den Ufern des Mühlenbaches und ist mit rund 100 Metern nicht sonderlich breit. Doch zusammen mit dem rosafarbenen Haus Greiffenhorst aus dem 19. Jahrhundert sowie dem in der Nähe gelegenen Hausenhof steht der schmale Park unter Denkmal- und Naturschutz. Am Ende des Parks erreichen wir noch eine Ausgrabungsstätte, wo Fundamente der ersten Kirche Linns gefunden wurden.

Museum Burg Linn
Rheinbabenstr. 85
47809 Krefeld
☎ (02 15 1) 57 00 36
Di-So 10-18 Uhr, von Nov.-März nur 11-17 Uhr.
Erw. 3,30 €, Kinder 2 €.

Deutsches Textilmuseum
Andreasmarkt 8
47809 Krefeld
☎ (02 15 1) 94 69 45 0
www.krefeld.de/textilmuseum
Di-So 10-18 Uhr, von Nov.-März nur 11-17 Uhr.
Erw. 3,30 €, Kinder 2 €.
Mit einem Kombiticket kann man beide Museen besichtigen (Erw. 4,50 €, Kinder 2,50 €)

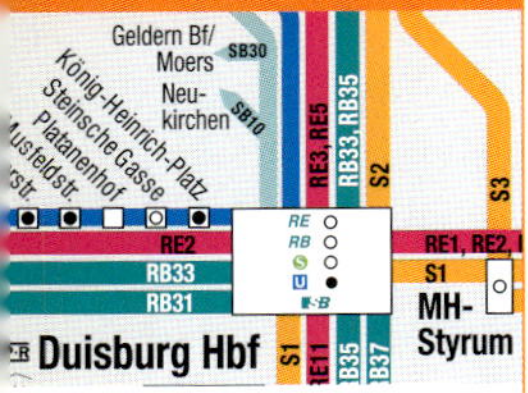

Start
Duisburg/U-Bhf. König-Heinrich-Platz (U79)
15 Min. zu Fuß bis zum Innenhafen

Spaziergang
Für Kinder geeignet

Dauer
ca. 2 Std.
ohne Besichtigungen

MKM
Museum Küppersmühle für Moderne Kunst
Philosophenweg 55
47051 Duisburg
((02 03) 30 19 48-11
Mi 14-18, Do 11-18,
Sa/So/Fei 11-18 Uhr

Kultur- und Stadthistorisches Museum Duisburg
Johannes-Corputius-Platz 1, 47049 Duisburg
((02 03) 28 32 64 0
Di-Do/Sa 10-17, Fr 10-14,
So 10-18 Uhr, 3 €,
Familienkarte 5 €

Legoland Discovery Centre
Philosophenweg 23-25
47051 Duisburg
((02 03) 57 08 88 0
www.legolanddiscovery-centre.com,
tägl. 10-17 Uhr,
12,95 €, Kinder 9,50 €,
Familienkarte 39,90 €

DUISBURG ▪ INNENHAFEN

Rund ums Hafenbecken

Ein klassisches Ausflugsziel ins Grüne ist der Duisburger Innenhafen zwar nicht, aber eine Fahrt dorthin dennoch lohnenswert, um sich für ein paar Stunden zu erholen.

Was man sich heute kaum noch vorstellen kann, ist die Tatsache, dass die Duisburger Wirtschaft bis zur Mitte des 19. Jahrhunderts nur davon träumen konnte, direkten Anschluss an den Rhein zu haben. Obwohl Duisburg schon in früheren Zeiten eine Handelsstadt war, verlor die Stadt im Mittelalter an Bedeutung, da der Rhein sein Bett verlagerte. Dieses ist aber beim Anblick auf die Hafenanlagen in Duisburg-Ruhrort, dem größten Binnenhafen der Welt, heute kaum noch vorstellbar. Allerdings darf der Binnenhafen nicht mit dem **Innenhafen** verwechselt werden. Letzterer ist wesentlich kleiner und lag im letzten Jahrhundert viele Jahre brach, bevor man anlässlich der Internationalen Bauausstellung einen Umbau plante und damit einen Wandel des Hafengeländes einleitete.

Mehrere Hinweisschilder erläutern auf einem Rundweg die einzelnen Bauwerke rund um das Hafenbecken und zeigen mit ihren Jahreszahlen überwiegend aus den 1990er Jahren deutlich die Wandlungsgeschichte des heutigen Innenhafens. Der östliche Teil ist hierbei der belebteste, um das Hafenbecken herum haben sich in alten denkmalsanierten Industriegebäuden aus Backstein Gewerbebetriebe, Restaurants und Museen angesiedelt. Begonnen hat man 1991 mit dem **Kultur- und Stadthistorischem Museum,** das in einem alten Speichergebäude untergebracht wurde. Am östlichen Hafenende steht die **Küppersmühle,** mit ihren Getreidesilos eines der markantesten Bauwerke. Hier ist heute das Zentrum für moderne und aktuelle Kunst untergebracht (MKM).

Die neueste Attraktion ist seit 2009 die **Stufenpromenade** ganz im Osten des Hafenbeckens, wo mehrere tausend Menschen wie in einem

Amphitheater Platz nehmen und auf das Wasser schauen können.

Sehenswert ist die 1999 erbaute erste **bewegliche Hängebrücke** der Welt, die für Fußgänger und Radfahrer gedacht ist. Durch die schuppenförmig angelegten Betonplatten kann die Brücke bei Bedarf angehoben und dennoch gleichzeitig betreten werden. Sie verbindet einen kleinen Park am Südufer mit der **Marina Duisburg.** Diesem Yachthafen, der im Mittelpunkt der Wasserfläche steht, wird eine bedeutende Zukunft prophezeit. Pläne der Landesregierung sehen vor, dass die Wasserwege des Ruhrgebietes auch ohne Sportbootführerschein genutzt werden könnten. Bis es soweit ist, kann man sich an so mancher Veranstaltung auf dem Wasser erfreuen, wie zum Beispiel einer Drachenbootregatta, die alljährlich im Rahmen eines Hafenfestes stattfindet.

Für Kinder besonders spannend ist das 2008 eröffnete **Legoland Discovery Centre.** Neben dem in Duisburg gibt es nur zwei weitere in Berlin und in Chicago. Zu sehen sind unter anderem das Ruhrgebiet in Miniatur. Mehrere tausend Legosteine wurden zur Zeche Zollverein, dem Oberhausener Gasometer und der Villa Hügel in Essen zusammen gebaut.

Little Currybar
Schifferstraße 220
47059 Duisburg
☎ (02 03) 31 77 31 7,
www.currybar.de
Tägl. 11-22,
Fr/Sa bis 2 Uhr
„Lokale Gerichte“ in Form von Currywurst und leckeren holländischen Frikandeln

Bodega del Puerto
Philosophenweg 33
47051 Duisburg
☎ (02 03) 34 66 821
Mo-Do 17-24, Fr 17-2, Sa 12-2, So 12-24 Uhr
Mediterrane Küche auf zwei Etagen, Außenterrasse und schwimmender Biergarten

In die Küppersmühle ist ein Kunstmuseum eingezogen

TOUR 6

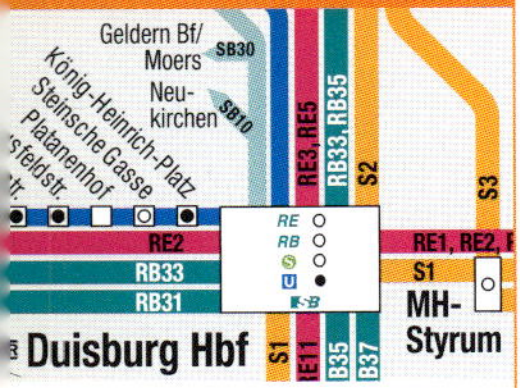

Start
Duisburg/
Landschaftspark Nord
(Straßenbahn 903 ab
Duisburg Hbf)
10 Min. zu Fuß bis zum
Landschaftspark

Spaziergang
Für Kinder geeignet

Dauer
ca. 2-3 Stunden

Landschaftspark Nord
Emscherstr. 71
47137 Duisburg
✆ (02 03) 42 91 94 2
www.landschaftspark.de, täglich geöffnet, Eintritt frei. Im Winter können Teile des Hochofen 5 geschlossen sein.

Bistro-Restaurant Hauptschalthaus
Emscherstr. 71, 47137 Duisburg
✆ (02 03) 41 79 91 80
www.hauptschalthaus.de
Speisen mit Blick auf das Hüttenwerk, Außenterrasse.

DUISBURG ▪ LANDSCHAFTSPARK-NORD

Hoch oben auf dem Ofen

Tiefes Tauchen, gefahrloses Gipfelstürmen und weites Wandern. Das sind nur einige der Dinge, die man im Landschaftspark Duisburg-Nord erleben kann.

Bis zum Jahr 1985 konnte sich wohl niemand vorstellen, dass über die Anlage des Hüttenwerks einmal Ausflügler mit Kletterausrüstung oder Fotokameras streifen würden. Bis zu diesem Zeitpunkt arbeiteten nämlich mehrere tausend Kumpels auf dem 200 Hektar großen Gelände. Zwischen Gießhalle, Gebläsehalle und dem **Hochofen 5** erzeugten sie in schweißtreibender und gefährlicher Arbeit Roheisen.

Heute ist der Hochofen immer noch schweißtreibend, nämlich dann, wenn man die zahlreichen Stufen erklimmt, um von der obersten Plattform die Aussicht auf das nördliche Ruhrgebiet zu genießen. Ein wenig mulmig kann es einem werden, wenn man auf den Stahltreppen nach oben steigt und spürt, dass der gesamte Hochofen bei etwas stärkerem Wind auch in Schwingungen geraten kann. Doch der Ausblick entschädigt für die Mühen. Im Westen sind die Hafenkräne von Duisburg zu sehen, im Südosten die Skyline von Essen. Auch der Tetraeder auf der Bottroper Halde ist noch gut zu erkennen, während scheinbar all diese markanten Punkte mit der viel weiter unten verlaufenden Autobahn verbunden sind. Besonders lohnenswert ist der Aufstieg in den Abendstunden (eine Taschenlampe ist empfehlenswert). Seit der Internationalen Bauausstellung in den 1990er Jahren ist die gesamte Anlage abends als **Kunstprojekt** illuminiert. Die Stahlgerüste tauchen dann in rote, blaue und grüne Farben ein und bieten ein herrliches Motiv für Fotofreunde.

Rund um das ehemalige Hüttenwerk verlaufen Wanderwege am Amphitheater und den Gleisen entlang, die im Frühling mit bunten Blüten übersät sind. Zu sehen gibt es dabei auch manchmal

„Krokodil" wird der Kranausleger genannt

die erwähnten Kletterer des Deutschen Alpenvereins, die sich mitten im flachen Ruhrgebiet angesiedelt haben. In den ehemaligen Erzbunkern der Hütte, in denen Erze und Koks zwischengelagert wurden, ragen heute Befestigungen für die Kletterer aus den Wänden und oben auf der Spitze ist sogar ein Gipfelkreuz angebracht. Gleich daneben haben Kindern ihren Spaß auf dem Spielplatz oder auch in der Rutsche, die durch die Wände der Bunker hindurch führt.

Vor dem **Gebläsehallenkomplex** steht der einstige Gasometer, der heute nicht mehr mit Gas, sondern mit Wasser gefüllt ist und als Tauchbecken dient. So kann man mit der geeigneten Ausrüstung auf Erkundungsgang gehen und eine künstliche Unterwasserwelt bewundern.

Und damit man nicht nur vor den gigantischen Werksanlagen steht und sich fragt, wie dort einst gearbeitet wurde, gibt es Führungen bei Tag und auch am späten Abend, dann in Form eines Fackelzuges. Geführt werden diese Touren von ehemaligen Hüttenmitarbeitern, die anschaulich die einzelnen Werksanlagen erklären. Zudem lohnt es sich immer wieder, im Terminkalender des Landschaftsparkes nachzuschauen, ob nicht auf der „Piazza Metallica" eine Großveranstaltung stattfindet oder welcher Film gerade im Open-Air-Kino gezeigt wird.

Deutscher Alpenverein
Emscherstr. 71
47137 Duisburg
☎ (02 03) 42 81 20
www.dav-duisburg.de
Schwierigkeitsgrad der Kletterwände: III bis X. In einer alten Reparaturwerkstatt ist sogar ein Kletterheim eingerichtet, das im Stil einer Selbstversorgerhütte betrieben wird.

Tauchrevier Gasometer
Emscherstr. 71
47137 Duisburg
☎ (02 03) 41 05 35 3
www.tauchrevier-gasometer.de
Nach Voranmeldung kann jeden Sa ein Schnuppertauchen durchgeführt werden (44 €).

TOUR 7

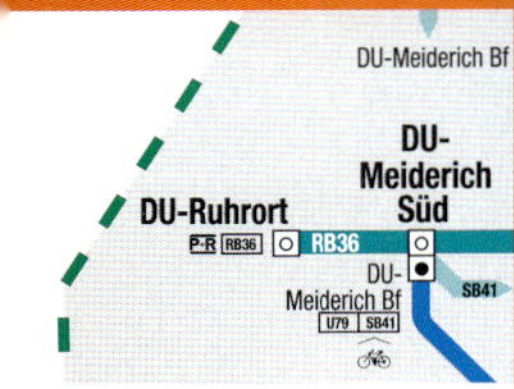

Start
Haltestelle Albertstraße (Straßenbahn 901 alle 15 Min. ab Bhf. Duisburg-Ruhrort)
Ab Albertstraße 2 km zur Ruhrmündung

Radtour oder Spaziergang
Museumsbesuch
Für Kinder geeignet

Rückfahrt
Duisburg-Ruhrort Bhf.
RB 36 alle 30 Min.
400 m vom Museum

Länge
6-7 km (Gesamtweg)

DUISBURG ▪ RHEINHAFEN

R(h)einorange

Eine orangefarbene Landmarke zeigt den Punkt an, wo der Fluss endet, der der Region den Namen gab. Nach 219 kurvenreichen Kilometern mündet die Ruhr hier in den Rhein. In der Nähe liegt auch das Museum der Deutschen Binnenschifffahrt, das einen Besuch lohnt.

Um die **Ruhrmündung** zu erreichen, wenden wir uns von der Straßenbahnhaltestelle Albertstraße nach links. Am Verkehrskreisel folgen wir der Straße „Am Bört" (Teil des Ruhrradwegs), die uns direkt zur Ruhrmündung und der hier stehenden Landmarke bringt. Diese ist eine 25 m hohe, aufrecht stehende Stahlplatte. Sie wurde vom Kölner Künstler Lutz Fritsch erstellt und im Jahr 1992 bei Rheinkilometer 780 errichtet. Die Skulptur ist Teil der Route für Industriekultur. Ihre markante Farbe gab der Landmarke den Namen **Rheinorange.** Dabei handelt es sich außerdem um ein Wortspiel, denn dieses leuchtende Orange trägt die Bezeichnung RAL 2004 – nämlich Reinorange.

Der Platz rund um Rheinorange bietet sich an, um auf einer der Parkbänke Platz zu nehmen und dabei den regen Schiffsverkehr auf dem Rhein zu beobachten. Außerdem kann man gut

sehen, wie das Wasser der Ruhr nach Norden „abbiegt", um mit dem Rheinwasser die Nordsee anzusteuern.

Hier trifft die Ruhr auf den Rhein

Die Landmarke markiert auch die Lage des größten Binnenhafens Europas, auf dessen Gebiet wir hier stehen. Die **Duisburg-Ruhrorter Häfen** umfassen eine Gesamtfläche von 10 Quadratkilometern. Das Hafengebiet erstreckt sich von der Ruhrmündung am Rhein entlang bis nach Duisburg-Rheinhausen und an der Ruhr bis zum Rhein-Herne-Kanal. Hier werden enorme Warenmengen umgeschlagen. Im Jahr 2008 waren es 54,1 Millionen Tonnen, die zur Weiterfahrt auf Schiffe, LKW und die Bahn verladen wurden. Der Hafen ist somit auch Dreh- und Angelpunkt zwischen den Nordseehäfen und vielen europäischen Bestimmungsorten für aus Übersee angelieferten Waren.

Die Geschichte der Schiffer in **Ruhrort** begann im 17. Jahrhundert mit der Gründung einer Schiffergilde, die auf ihren Lastkähnen die geförderte Kohle transportierten. In der Folge wurde später die erste Schiffswerft gebaut. Ein größerer Hafen durfte danach auch nicht mehr fehlen. Dieser wurde in der ersten Hälfte des 19. Jahrhunderts durch die preußische Regierung weiter ausgebaut und erhielt mit einer Eisenbahnlinie Anbindung an die Stadt Oberhausen. Den größten Aufschwung hatte Ruhrort zur Wende des letzten Jahrhunderts, als das prachtvolle Gebäude der Schifferbörse errichtet wurde. In diesem

Museum der Deutschen Binnenschifffahrt
Apostelstr. 84
47119 Duisburg
☎ (02 03) 80 88 94 0
www.binnenschifffahrts-museum.de
ganzjährig
Di-So 10-17 Uhr, Museumsschiffe nur von Mai-Okt
Erw. 3 €, Familienkarte 6,50 €, Museumsschiffe 2 €/4 €
An jedem ersten Freitag Eintritt zum halben Preis

Restaurant Navigare
Im Museum (ehemaliges Kesselhaus des Schwimmbads)
☎ (02 03) 50 03 13 0
www.restaurant-navigare.de
Di-Sa 11-23 Uhr,
So 11-17 Uhr

Lastkahn „Goede Verwachting" im Binnenschifffahrtsmuseum

Bauwerk konnten die Binnenschiffer ihre Frachtgeschäfte abwickeln. Wenig später kam es zum Zusammenschluss der Orte Ruhrort, Meiderich und Duisburg und das Hafengebiet wurde damit einheitlich verwaltet. Nach den Zerstörungen im Zweiten Weltkrieg erreichte der Duisburger Hafen verhältnismäßig schnell wieder die Umschlagszahlen, die ihn schon vor dem Krieg zum größten Binnenhafen Deutschlands machten.

Duisburg-Ruhrort und sein Hafengebiet schrieben auch TV-Geschichte: Hier spielte Anfang der 1980er der erste Schimanski-Tatort mit Götz George.

300 m Luftlinie entfernt von Rheinorange steht das **Deutsche Museum der Binnenschifffahrt.** Zur Ausstellung gehören auch zwei historische Schiffe, die in der Nähe ankern. Um allerdings zum Binnenschifffahrtsmuseum zu gelangen, müssen wir noch ca. 4 Kilometer radeln oder spazieren - denn es liegt auf der anderen Ruhrseite.

Zunächst geht es auf dem Ruhrradweg ca. 2000 Meter wieder zurück bis zum großen Kreisverkehr, wo wir links die Ruhrbrücke und daraufhin zwei weitere Hafenbrücken überqueren. Ab hier ist der Rheinradweg gen Norden ausgeschildert, dem wir über die Krausstraße und Dammstraße folgen, bis wir das Museumsensemble, ein ehemaliges Jugenstilhallenbad, in Duisburg-Ruhrort erreicht haben. Seit 1998 sind hier auf drei Etagen zahlreiche Exponate zu besichtigen, die sich mit der Technik und Wirtschaft der Binnenschifffahrt von den Anfängen der Menschheit bis zur Gegenwart befassen. Auch viele detailgetreue Modelle lassen das Herz von kleinen und großen Besuchern höher schlagen. Höhepunkt in der ehemaligen Schwimmhalle für Männer ist der fast einhundert Jahre alte Lastkahn „Goede Verwachting", eine Tjalk unter vollen Segeln. In der Damenschwimmhalle steht dagegen ein begehbarer Nachbau eines Binnenschiffes. Er soll den Besuchern unmittelbare Eindrücke vom Leben und Arbeiten der Schiffer und ihrer Familien vermitteln.

Um zwei weitere Hauptsehenswürdigkeiten des Museums zu besichtigen, müssen wir das Gebäude verlassen. Am Hafenkanal liegen die beiden **Museumsschiffe** „Minden" und „Oscar Huber" für immer vor Anker. „Oscar Huber" ist der einzige verbliebene Radschleppdampfer des Rheins, alle anderen wurden verschrottet. Das Räderboot war bis in die 1960er Jahre im Einsatz. Es konnte pro Fahrt bis zu sieben beladene Frachtkähne auf einmal ziehen. Zu besichtigen ist der Maschinenraum mit seiner beeindruckenden Technik sowie die Mannschaftsräume.

Die „Minden" neben ihm ist eigentlich gar kein Schiff, sondern ein schwimmendes Gerät ohne eigene Antriebsmaschine. Der Eimerkettendampfbagger musste von Einsatzort zu Einsatzort geschleppt werden. Er wurde 1882 erbaut und bearbeitete bis 1979 die Fahrrinne der Weser bei Hameln. An ihrem hundertsten Geburtstag bekam die „Minden" ihren wohlverdienten Ruheplatz hier an der Ruhrorter Promenade in Duisburg.

Museumsschiff „Oscar Huber" in Duisburg-Ruhrort

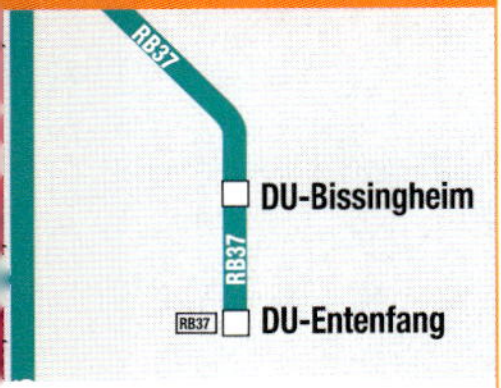

Start
Bhf. Duisburg-Entenfang
(RB 37 alle 60 Min. ab Duisburg Hbf.)

Spaziergang oder Radtour
Für Kinder als Radtour geeignet

Rückfahrt
Duisburg-Schlenk
(S1 nach Duisburg Hbf.)

Länge
ca. 10 km

Freibad Wolfssee
Kalkweg 262
47279 Duisburg
☎ (02 03) 72 04 05
www.poseidon-duisburg.de
Mai-Mitte Sept.
10-20 Uhr, Kassenschluss 18.30 Uhr, Erwachsene 3,50 €, Kinder 2 €.

Hochseilgarten Tree2Tree
direkt am Parallelkanal
☎ (02 08) 88 42 43 0
www.tree2tree.de
Erwachsene 22 €, Kinder 10-17 € inkl. Verleih der Ausrüstung. Mit 250 Meter langer Seilrutsche über den Parallelkanal.

DUISBURG ▪ SEENPLATTE

Tief im Westen…

… wo die Sonne verstaubt, ist es besser, als manch einer glaubt. Frei nach Herbert Grönemeyer reisen wir heute in den westlichen Teil des Ruhrgebietes, obwohl die Straßennamen und geographischen Bezeichnungen eher an östlichere Gefilde erinnern.

Die Rede ist vom Duisburger Stadtteil **Wedau.** Südlich der Duisburger Innenstadt erstreckt sich, eingezwängt zwischen drei Autobahnen, ein Naherholungsgebiet mit sechs Seen und dem Sportpark Wedau, der zahlreiche Freizeitaktivitäten bietet. Von Duisburg Hbf aus kommt man auch gut mit der Bahn hin. Wir fahren bis zur Haltestelle „Entenfang“, die sich genau an einem See gleichen Namens befindet.

An diesem See verlassen wir aber auch schon wieder das Duisburger Stadtgebiet, da er formal zu Mülheim an der Ruhr gehört. Das kleine Gewässer gehört offiziell nicht zur Sechs-Seenplatte. Dennoch ist es, wie die anderen Seen auch, von einem Fuß- und Radweg umgeben. Durch die Bahngleise ist der See „Entenfang“ jedoch ein wenig vom restlichen Naherholungsgebiet abgegrenzt, weshalb wir diese mittels der Brücke überqueren. Dabei stoßen wir auf eine Straße, die an eine andere Region erinnert, die Masurenallee. Nach der polnischen Seenlandschaft heißt auch eines der hiesigen Gewässer, der Masurensee. Später werden wir noch dem Marienburger Ufer, dem Insterburger Weg, dem Allensteiner Ring und weiteren Straßennamen begegnen, die an ehemals ostpreußische Städte erinnern.

Zahlreiche verschlungene Waldwege ermöglichen es uns nun, an den verschiedenen Seeufern entlang zu fahren oder zu gehen. Ein Lageplan am Wegesrand erleichtert uns die Orientierung.

Zunächst empfiehlt sich der Weg an das Südostufer des **Wolfssees,** wo sich ein 22 Meter hoher stählerner Aussichtsturm erhebt. Dieser gibt einen wunderbaren Blick über die Seenplatte

Blick vom Aussichtsturm über die Duisburger Seenplatte

frei und lässt in der Ferne sogar den Düsseldorfer Fernsehturm erkennen.

Am Nordufer des Sees sehen wir auch schon den Sandstrand, der zum dortigen Freibad gehört. Rechts daneben verläuft der Kalkweg, der uns kurze Zeit später über eine steile Brücke an das Nordufer bringt. Auch von dieser Brücke hat man einen schönen Blick über die Umgebung, besonders auf den kleinen Sporthafen des Masurensees. Auf dem Kalkweg verlassen wir nordwärts die Seenplatte und durchqueren die kleine Wohnsiedlung **Wedau,** in der wir den bereits erwähnten ostpreußischen Städtenamen begegnen. Den Kern Wedaus bildet eine ehemalige Eisenbahnersiedlung, die seit 1999 unter Denkmalschutz steht.

An der Wedauer Straße biegen wir rechts ab, um zum südlichen Ende der Regattastrecke vom **Sportpark Wedau** zu gelangen. Die Regattabahn ist nur rund 150 Meter breit, reicht aber über 2 km weit schnurgerade nach Norden, so dass wir das Ende der Strecke nicht sehen können. An dem Gewässer, auf dem auch internationale Veranstaltungen durchgeführt werden, folgen wir dem Radweg ins Herzstück des Sportparks. Zuvor passieren wir aber noch einen Wasserspielplatz und einen Klettergarten, die erst im Jahr 2008 eröffnet wurden. Wer Lust hat, kann die Regattabahn jetzt noch vollständig umrunden. Alle anderen biegen am Bertasee links ab und fahren oder laufen am Margaretensee vorbei geradeaus zur S-Bahnhaltestelle Duisburg-Schlenk.

Strandbad Wedau
Bertaallee 10
47055 Duisburg
☎ (02 03) 72 64 57
www.strandbad-wedau.de
Mitte Mai-Sept. ab 13 Uhr, April und Okt. an den Wochenenden nachmittags. Höhepunkt: Wasserski-Anlage über 950 m Länge, Tageskarte 28,50 € Erw., 20 € Kinder.

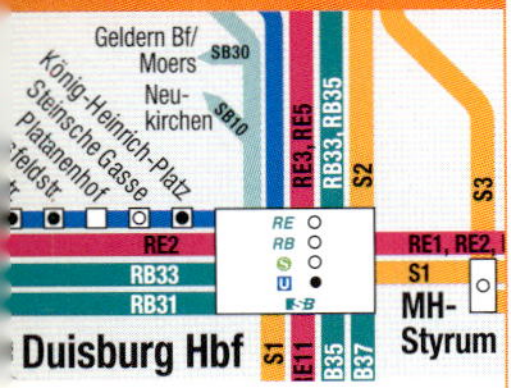

Start
Duisburg/Zoo/Uni
(Straßenbahn 901 ab
Duisbug Hbf.)

Zoobesuch
Für Kinder geeignet

DUISBURG ▪ ZOO

Pinguine an Rhein und Ruhr

Eines der wenigen Ausflugsziele an Rhein und Ruhr, das in diesem Fall verständlicherweise nicht kostenfrei ist, ist der Duisburger Zoo. Dafür ist der Zoo wohl weltweit der einzige, der durch eine Autobahn und eine Eisenbahnverbindung zweigeteilt ist.

Doch die Sache mit der Autobahn und den Gleisen ist weit weniger dramatisch, als es sich zunächst anhört. Die Autobahn 3 teilt den **Zoo** in einen westlichen und einen östlichen Abschnitt, die beide über eine begrünte Brücke miteinander verbunden sind. Selbst auf der 30 Meter breiten Brücke ist es nahezu unmöglich, die Autobahn zu sehen, so dass sie den Zoobesuch also nicht weiter stört. Beide Parkabschnitte besitzen einen eigenen Eingang, doch wir erreichen mit der Straßenbahnlinie 901 den Haupteingang im westlichen Bereich.

Gleich zu Beginn des Rundganges haben wir auf der rechten Seite die Giraffen und Elefanten, während es am See mit den Flamingos weiter geht zum glasüberdachten Rio Negro. In dieser **Tropenhalle** sehen wir gleich eines der Tiere, für die der Duisburger Zoo bekannt ist: den Delfin. Zum eigentlichen Delfinarium aber kommen wir erst später, denn es liegt im östlichen Teil des Zoos. Zunächst lassen wir das Aquarium mit dem Schildkrötenhaus rechts liegen, begegnen Raubtieren, Kamelen und weiteren Tieren wie Pinguinen, Wölfen und Zebras, bis wir an den nördlichen Rand des Parks gelangen.

Wenn wir zum Schildkrötenhaus zurückgehen, erreichen wir die erwähnte Brücke über die Autobahn und kommen in den östlichen Bereich des Zoogeländes. Rechterhand sehen wir das Affenhaus, Meerkatzen und Gorillas, während es nach links an südamerikanischen Tieren und dem chinesischen Garten vorbei zum Delfinarium geht,

Zoo Duisburg
Mülheimer Str. 273
47058 Duisburg
✆ (02 03) 30 55 90
www.zoo-duisburg.de
März-Okt. 9-17.30 Uhr, sonst 9-16 Uhr, der Zoobesuch ist jedoch bis zur Dämmerung gestattet. Delfinvorführungen in der Regel 3x täglich. Erw. 11 € (14,50 € mit Delfinarium), Kinder 5,50 € (7 € mit Delfinarium).

dem Höhepunkt des Duisburger Zoos.

Das **Delfinarium** beherbergt, wie der Name es schon verrät, Delfine, genauer gesagt, Große Tümmler. In Becken mit rund drei Millionen Litern Seewasser können die Tiere auch außerhalb der Delfinvorführungen besucht werden. Das Delfinarium dient nicht nur der Unterhaltung des menschlichen Besuchers, sondern auch der Zucht von Delfinen, von denen schon einige im Duisburger Zoo zur Welt kamen. Bei regelmäßigen Veranstaltungen gibt es Führungen oder Vorträge, wie z.B. „Ein Abend bei Delfinen". Rechtzeitige Platzreservierung ist allerdings nötig, da die Abende sehr schnell ausgebucht sind.

Weitere Veranstaltungen im Park sind Dämmerungsführungen, die jedoch nur für Erwachsene gedacht sind, Zoosafaris für Kinder und verschiedene Naturschutzseminare im Chinesischen Garten. Aber auch hier gilt die Empfehlung einer rechtzeitigen Voranmeldung. Kostenlos und fast jeden Tag zu sehen sind dagegen die Fütterungen verschiedener Tiere. Wer dabei sein möchte, der sollte sich vor dem Zoobesuch die Fütterungszeiten von Pinguinen, Löwen, Krokodilen und Co. im Internet anschauen und seinen Rundgang im Zoo ein wenig danach ausrichten.

Delfinarium im Duisburger Zoo

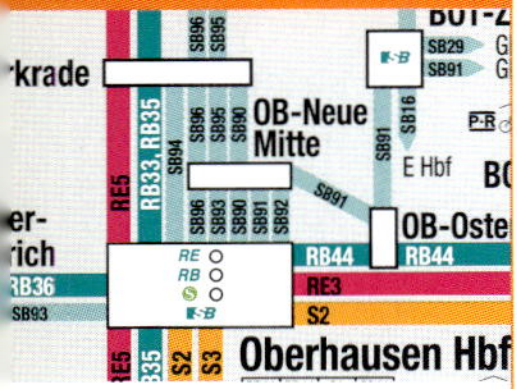

Start
Neue Mitte Oberhausen
Straßenbahn 112 und Schnellbusse SB 90, SB 91, SB 95 und SB 96 ab Oberhausen Hbf.

Spaziergang
Industriekultur
Für Kinder geeignet

Länge
1-1,5 km

OBERHAUSEN ▪ GASOMETER

Am Canale Grande

Im Oberhausener Abschnitt des Rhein-Herne-Kanals tummeln sich geradezu Ausflugsziele und Sehenswürdigkeiten. Dabei ist der Bereich zwischen der Stadtgrenze zu Essen und dem Stadion von Rot-Weiß Oberhausen recht kurz, doch dafür kann man ganz schön in die Höhe gehen.

Die einfachste und schönste Anfahrt findet mit dem Fahrrad statt. Aus Richtung Duisburg kann man auf dem geschotterten Weg am Rhein-Herne-Kanal entlang radeln, genauso aus Richtung Essen und Gelsenkirchen. In beiden Fällen sieht man schon von weitem den **Gasometer** am Rhein-Herne-Kanal, einzigartiges Industriedenkmal und Wahrzeichen von Oberhausen und dem Ruhrgebiet. Der größte Gasbehälter Europas und zweitgrößte der Welt wurde im Jahr 1929 errichtet. Er hat eine Höhe von 117 Metern und einen Durchmesser von 67 Metern. Bis 1988 diente der zylindrische Behälter mit einer Speicherkapazität von 347 000 Kubikmetern als Gasspeicher. Allerdings mit Unterbrechungen: Während des Zweiten Weltkrieges wurde er stark beschädigt und musste 1945 stillgelegt werden. Ein Jahr später fing er bei Reparaturarbeiten Feuer, danach war nur noch sein Fundament erhalten. Nach dem Wiederaufbau war er von 1949 bis 1988 durchgängig in Betrieb.

Nach seiner Stilllegung Ende der 1980er Jahre hat man sich, wie bei vielen Industrieanlagen der Region, Gedanken über seinen Fortbestand gemacht. Es dauerte nicht lange, bis man den Gasometer Anfang der 1990er Jahre zu einer gigantischen Ausstellungshalle umbaute. Auf der 600 Tonnen schweren Scheibe, die einstmals auf dem Gas schwamm und dieses verdichtete, errichtete man eine Bühne und eine Tribüne. Darunter finden regelmäßig Ausstellungen zu verschiedenen Themen und Künstlern statt. Der Gasometer ist heute eine der bedeutendsten Stationen der Rou-

Gasometer Oberhausen
Arenastr. 11
46047 Oberhausen
☎ (02 08) 85 03 73 0
www.gasometer.de
Befindet sich keine Ausstellung im Gasometer, kann man mit dem gläsernen Fahrstuhl auf das Dach fahren.

CentrO Park Oberhausen
Promenade 10
46047 Oberhausen
☎ (02 08) 45 67 80
www.centropark.de
Mitte März-Ende Okt. 10-18 Uhr, Sa/So und im Sommer bis 19 Uhr, Mo außerhalb der Ferien geschlossen. Kinder bis 1 m Größe Eintritt frei. Hunde nicht erlaubt.

te der Industriekultur. Es wurden schon mehr als 3 Millionen Besucher gezählt.

Der Höhepunkt eines Gasometer-Besuchs ist natürlich die Besteigung des Bauwerks, die allerdings nicht immer möglich ist. Hoch geht es entweder auf der Außentreppe oder mit Hilfe des **gläsernen Fahrstuhles,** der an der Wand der hohen und dunklen Halle entlang gleitet. Oben auf dem Dach hat man bei gutem Wetter eine wunderbare Sicht über die Stadt Oberhausen und das halbe Ruhrgebiet.

Von der Aussichtsplattform erspähen wir tief unten, direkt vor unseren Füßen, auch schon unser nächstes Ziel, den CentrO-Park. Nur wenige Meter sind es vom Eingang des Gasometers durch einen Eisenbahntunnel bis zum **CentrO,** einem der größten Einkaufszentren des Kontinents. Mitte der 1990er Jahre wurde es auf einem ehemaligen Industriegebiet der Firma Thyssen errichtet. Das Gebäude ist ein Beispiel für postmoderne Architektur mit Elementen der traditionellen Industriekultur.

Gegenüber der Promenade mit ihren zahlreichen Gastronomiebetrieben befindet sich der verhältnismäßig kleine, bei Kindern aber sehr beliebte Freizeitpark mit dem Namen **CentrO-Park.** Er wurde 1996 von den Betreibern des Einkaufszentrums eröffnet. Heute wird er von einer Schausteller-Familie betrieben. Auch im Park kann es hoch hinaus gehen, obwohl das Riesenrad neben dem Gasometer trotz seiner beachtlichen Höhe von 44 Metern recht bescheiden aussieht. Immerhin noch 12 Meter

Auch nachts von Weitem sichtbar: Der Gasometer

Kaisergarten Oberhausen
im Schlosspark Oberhausen, tägl. von 9-19, im Winter bis 17 Uhr, Eintritt frei.

Schloss Gastronomie Kaisergarten
Konrad-Adenauer-Allee 48
46049 Oberhausen
✆ (02 08) 29 02 20
www.kaisergarten.de
Speisen in stilvollem Ambiente.

Hochseilgarten Oberhausen
Arenastr. 13
46047 Oberhausen
✆ (02 08) 88 42 43 0
www.tree2tree.de.
17.000 qm² großer Kletterwald direkt neben dem Eingang zum Gasometer. Mitte März-Anfang Nov. 9-19.30 Uhr.

Oberhausener Schloss am Kaisergarten

hoch ist die lange Riesenrutsche, die von einem Turm im chinesischen Stil herabführt. Mehrere Fahrgeschäfte, von rasanter Achterbahn bis zur gemütlichen Traktorfahrt, lassen gerade bei den kleinen Besuchern die Herzen höher schlagen. Diese freuen sich auch, wenn Sie bei einem Rundgang auf den vielleicht berühmtesten Elefanten der Welt treffen. Gemeint ist kein anderer als Benjamin Blümchen, der hier im Park seit 2003 quasi „wohnt".

Am CentrO steigen wir in die Pedale und radeln ein kurzes Stück am Kanal in Richtung Westen. Nach wenigen Metern geht es unter einer breiten Straßenbrücke hindurch. Auf der linken Seite ist schon das **Schloss Oberhausen** ausgeschildert. Die einstige Wasserburg aus dem 15. Jahrhundert bringt es auf drei Etagen und strahlt in warmen Farbtönen. Sie geht sehr wahrscheinlich auf einen Rittersitz mit dem Namen Overhus zurück, der sich schon im 12. oder 13. Jahrhundert an dieser Stelle befand. Interessantes Detail: Schloss Oberhausen gab somit der Stadt Oberhausen ihren Namen und nicht umgekehrt!

In Zweiten Weltkrieg wurden Teile des Haupthauses und des kleinen Schlosses zerstört. 1958 wurde das baufällige Haupthaus weitgehend

abgerissen, konnte aber schon 1960 aus den Mitteln einer Bergbaugesellschaft wieder nach historischem Vorbild aufgebaut werden. Nur bei der Innengestaltung ging man nicht ganz so weit zurück, hier dominiert der Stil der 1950er Jahre.

Im Haupthaus des Schloss Oberhausen finden wir heute die **Ludwig Galerie**, ein international bekanntes Ausstellungshaus. Gegründet wurde die Galerie 1983 vom Sammlerehepaar Irene und Peter Ludwig als Ludwig Institut zur Kunst der DDR in Oberhausen. Die Eheleute stellten Werke von ostdeutschen Künstlern wie Wolfgang Mattheuer, Bernhard Heisig und Werner Tübke als Dauerleihgabe zur Verfügung. In der heutigen Ludwig Galerie werden neben Präsentationen dieser Werke unter verschiedenen Gesichtspunkten auch Wechselausstellungen zu den Themen Populäre Kunst und Landmarken des Ruhrgebietes (Kunst, die sich mit dem Strukturwandel der Region beschäftigt) gezeigt.

Direkt am Schloss liegt der **Kaisergarten.** Dieser Schlossgarten umfasst 28 Hektar und erstreckt sich vom Rhein-Herne-Kanal bis zur Duisburger Straße. Seinen Namen erhielt er 1898 anläßlich des 100. Geburtstags von Kaiser Wilhelm I. Als Volkspark ist er heute für jeden zugänglich.

Den Park kann man auf zahlreichen Fußwegen erkunden und ganz nebenbei das kostenlose Tiergehege besuchen. 16 Hektar des Geländes wurden schon in den 1920er Jahren zu einem Wildgehege umgebaut, dem größten kostenlosen Tierpark des Ruhrgebietes. Hier leben überwiegend heimische Tiere, wie Esel, Eulen, Waschbären und Wildschweine, aber auch Wölfe und Steppenadler. Für Kinder existiert ein Streichelzoo mit Fütterungsmöglichkeit im Gehege.

Ludwig Galerie Schloss Oberhausen
Konrad-Adenauer-Allee 46
46049 Oberhausen
☎ (02 08) 41 24 49 28
www.ludwiggalerie.de
Di-So 11-18 Uhr
6,50 €, erm. 3,50 €, Familien 10,50 €.
Wechselausstellungen, zur populären Kunst und zum Strukturwandel des Ruhrgebietes.

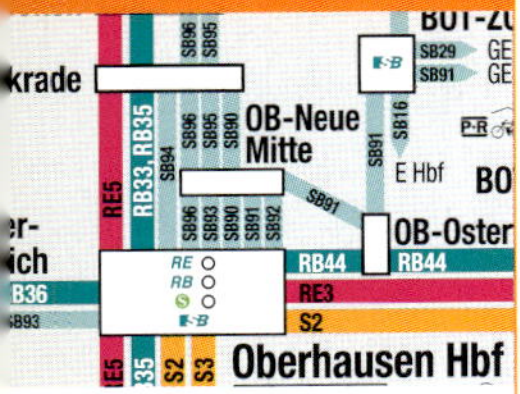

Start
Eisenheim
Straßenbahnlinie 112
und Schnellbus SB 90
und SB 96 ab
Oberhausen Hbf.

Spaziergang
Industriekultur
Für Kinder geeignet

Dauer
1,5 Stunden

OBERHAUSEN ▪ SIEDLUNG EISENHEIM

Die Helden von Eisenheim

Gustav und Manni sind zwei echte Ruhrpotthelden, wie man sie sich klischeehaft vorstellen würde. Taubenzüchter, große Klappe und der Sohn bastelt auf den Straßen der Arbeitersiedlung am Tuning seines Opels.

Diese Bilder zeigt der komödiantische Film „Die Helden von Eisenheim", der im Jahr 2005 vom WDR hergestellt wurde. Jeder Ruhrgebietler weiß, dass man dieses Klischeebild mittlerweile lange suchen muss. Doch die Arbeitersiedlung Eisenheim, die gibt es wirklich. Sie liegt in Oberhausen und besteht aus drei, vier kleinen Straßen mit den typischen geduckten Backsteinhäusern.

Die Siedlung **Eisenheim** war die erste Arbeitersiedlung des Ruhrgebietes und ist auch eine der ältesten in Deutschland. Erschaffen wurde sie Mitte des 19. Jahrhunderts, um Wohnraum für die Arbeiter der Gutehoffnungshütte zu schaffen. Heute ist Eisenheim zwar immer noch eine Wohnsiedlung, aber zugleich auch Teil des Rheinischen Industriemuseums der Stadt Oberhausen.

An der Haltestelle Eisenheim verlässt man den Bahnsteig und steht nach dem Treppenabgang schon mitten in der Siedlung. Vor uns die Eisenheimer Straße, auf der linken Seite in einem Vorgarten das Hinweisschild auf poetische Orte mit Skulpturen eines Metallbaumeisters.

Gehen wir die Straße hinab, sehen wir an den Wänden der Backsteinhäuser stilisierte Tauben und geschmiedete Pferdefuhrwerke. Ein Blick in die Seitengassen ist wie eine Zeitreise. Eine Reise in die Hochzeit des Kohlebergbaus im Ruhrgebiet. Die Wäsche hängt vor dem Fenster, Katzen streifen über die

Liebevolle Details schmücken die Fassaden in Eisenheim

schmalen Wege und Menschen wie Manni und Gustav stehen am Gartenzaun und unterhalten sich, vielleicht ja sogar über Tauben.

An den Wänden der Häuser hängen Tafeln, auf denen Geschichten der Siedlung erzählt werden. Ob es nun die Sitzbank neben der Haustür ist, oder die Lebensgeschichte von Willi Wittke, einem alten Bergmann: Die Tafeln des Projekts „sprechende Straßen" geben dem Besucher eine Ahnung vom Leben in der **Arbeitersiedlung**. Vor dem Volkshaus in der Werrastraße, einer Art Gemeindesaal für Eisenheim, stehen bunt gestaltete Vogelhäuser, die Anflugstellen für Brieftauben sind.

Brieftauben sind aus Zechensiedlungen nicht wegzudenken

Mit dem Verschwinden des Bergbaus Mitte des 20. Jahrhunderts sollte ursprünglich auch die Arbeitersiedlung verschwinden. Damals befand sich Eisenheim im Besitz des Thyssen-Konzerns, der an der Stelle der Siedlung Hochhäuser bauen lassen wollte. Doch Thyssen rechnete nicht mit dem, was eben solch eine Siedlung ausmacht: Nachbarschaft und Solidarität. Jahrelange Protestaktionen, die in den Medien Gehör fanden, stoppten den geplanten Abriss der Siedlung.

So ist den Bewohnern zu verdanken, dass wir heute noch diesen Teil der Industriekultur des Ruhrgebietes „live" erleben können.

Museum Eisenheim
Berliner Straße 10a
46117 Oberhausen
www.rim.lvr.de
So/Fei von Ostersonntag bis 31.10. jeweils von 10-17 Uhr
(1. Mai geschlossen!)

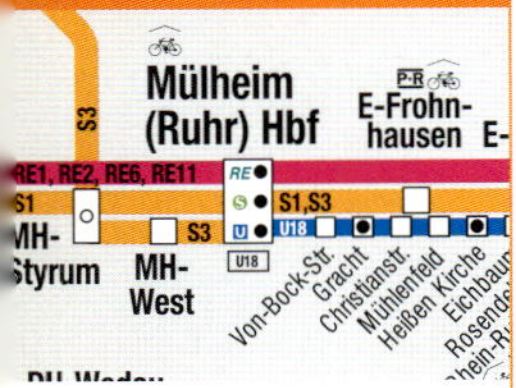

Start
Mülheim (Ruhr) Hbf.

Radtour oder Spaziergang
Für Kinder geeignet

Rückfahrt
Mülheim-Styrum Bahnhof (S 1)

Länge
7 km bis Mülheim-Styrum

RevierRad Zentrale Mülheim Hbf.
Dieter-aus-dem-Siepen-Platz 3
45468 Mülheim an der Ruhr
Mo-Fr 5.30-22.30,
Sa/So 8-18.30 Uhr

Haus Ruhrnatur
Alte Schleuse 3
45468 Mülheim a.d. Ruhr
☎ (02 08) 44 33 380
www.haus-ruhrnatur.de
Di-So 10-18 Uhr
Erw. 2 €, Kinder 1,50 €,
Familien 5,50 €

MÜLHEIM ■ HAUS RUHRNATUR

Steter Tropfen höhlt den Stein

Auf den Spuren des Wassers bewegen wir uns auf unserer heutigen Tour – natürlich direkt an der Ruhr entlang. Dabei besuchen wir einen Wasserbahnhof, das Haus Ruhrnatur und das Wassermuseum Aquarius.

Vom Mülheimer Hauptbahnhof aus erreichen wir über die Eppinghofer Straße und Leineweberstraße schnell das Ufer der **Ruhr.** Zuvor lohnt noch ein kurzer Abstecher zum Kirchenhügel in die Mülheimer Altstadt, die sich südlich der Leineweberstraße befindet. Sehenswert sind die Petrikirche und das Tersteegenhaus, ein hübscher Fachwerkbau. Hier befindet sich heute das Heimatmuseum der Stadt. Leider sind bis auf dieses Ensemble und ein paar andere dazu gehörende Fachwerkbauten nicht mehr viele andere historische Gebäude erhalten.

Vor der Schlossbrücke biegen wir links auf den Ruhrradweg ein, um zu unserem ersten Etappenziel zu gelangen, der lang gestreckten Insel mit der alten Schleuse inmitten der Ruhr. Schon nach 200 Metern führt dann auch eine Brücke zum vorgelagerten Teil der **Schleuseninsel.** Von dort gelangen wir über die Kassenbergbrücke auf die Hauptinsel. Da das Eiland Wasserschutzgebiet ist, kann man auf den Wiesen leider nicht picknicken. Schön ist es jedoch, dort zu radeln, jedenfalls wenn das Kalenderblatt nicht gerade Sonntag zeigt, denn dann ist mit einem größeren Ansturm rechnen.

Unser erstes Ziel, der **Mülheimer Wasserbahnhof,** liegt gleich an der Kassenbergbrücke. In den 30er Jahren des letzten Jahrhunderts als Kiosk entstanden, ist aus der Trinkhalle heute ein Restaurant und Veranstaltungszentrum geworden. Doch vor allem ist der Wasserbahnhof das Abfertigungsgebäude für die Schiffe der „Weißen Flotte", mit denen man von hier aus bis nach

Kettwig fahren kann.

Geht man auf der Insel weiter nach Süden, trifft man bald im denkmalgeschützten Schleusenhaus aus Sandstein auf das **Haus Ruhrnatur,** Naturkundemuseum und Ökologiestation rund ums Thema Wasser. Es wurde im Jahr 1992 von der Rheinisch-Westfälischen Wasserwerksgesellschaft gegründet. Eine Dauer-Ausstellung mit 21 Einheiten präsentiert anschaulich Flora und Fauna der Ruhr. Ein Strömungsmodell und ein sechs Meter langes Aquarium zeigen das Ökosystem des Flusses. Auch all die Kleinstlebewesen, die sich im und am Wasser tummeln, werden dabei nicht vergessen. Verschiedene Mikroskopstationen, ein geologisches Modell und eine hauseigene Wetterstation ergänzen die Präsentation.

Einen besonderen Stellenwert nimmt das Lernen und Experimentieren ein. Haus Ruhrnatur möchte seine Besucher aktivieren und sensibel machen für das Ökosystem Ruhr. So werden unter anderem auch Exkursionen für Schulklassen, Familien und Fachbesucher veranstaltet.

Vom Haus Ruhrnatur aus folgen wir dem Ruhrinselweg bis zum südlichen Ende der Insel, wo eine kleine Brücke wieder aufs Festland führt.

Haus Ruhrnatur

Weiße Flotte Mülheim
Fahrten zwischen Ende April und Anfang Okt. Fahrausweise bis zu drei Teilstrecken 3 €, für Kinder 1 €
www.muelheimer-verkehrgesellschaft.de

Restaurant Franky's im Wasserbahnhof
Alte Schleuse 1
45468 Mülheim a.d. Ruhr
☎ (02 08) 38 82 96 3
www.frankys-wasserbahnhof.de
Tägl. ab 12 Uhr geöffnet, mit Biergarten und Blick auf die Ruhr

Spektakulärer Zugang: Aquarius Wassermuseum

Aquarius Wassermuseum
Burgstr. 70
45476 Mülheim a.d. Ruhr
☏ (02 08) 44 33 39 0
www.aquarius-wassermuseum.de
Di-So 10-17 Uhr
Erw. 3 €, Kinder 2 €, Familienkarte 8,50 €
Kombitickets für Haus Ruhrnatur und Wassermuseum: Erw. 4 €, Kinder 3 €, Familien 11,50 €

RevierRad-Station
Am Aquarius Wassermuseum
Di-So 10-18 Uhr

Dort angelangt, wenden wir uns auf dem Ruhrtalradweg nach Norden. An der Ecke zur Bergstraße erhebt sich das **Schloss Broich.** Die Burganlage aus dem 9. Jahrhundert nach Chr. ist der älteste erhaltene frühmittelalterliche Wehrbau nördlich der Alpen. Heute befindet sich im Schloss Broich ein kleines Heimatmuseum. Außerdem wird es von der Stadt Mülheim zu Repräsentationszwecken genutzt und kann für Veranstaltungen angemietet werden.

Seit einigen Jahren dient das Schloss auch als Kulisse für zwei Musikfestivals, das Castle Rock Festival und das Burgfolk Festival.

Wir fahren weiter die Bergstraße hinauf. Linker Hand liegt das 66 Hektar große Gelände der Mülheimer Gartenschau, das zur Landesgartenschau 1992 geschaffen wurde. Danach geht es über eine einstige Bahntrasse bis zur Ruhr, die wir über die Styrumer Brücke überqueren, und anschließend sofort links zum **Aquarius Wassermuseum.**

In dem ausgedienten Wasserturm wird der Kreislauf des Wassers in der Natur veranschaulicht, der als Regentropfen anfängt und mit der Verdunstung im Ozean endet. Für die spannende Ausstellung erhält man eine Chipkarte, die man an den einzelnen Multimediastationen im Turm einsetzen kann. 30 Stationen auf 14 Ebenen bieten ein interaktives Museumserlebnis, das sogar preisgekrönt wurde.

Der Rundgang im 40 Meter hohen Wasserturm beginnt mit einer Fahrt in die oberste Etage. Dazu benutzen wir einen der gläsernen Aufzüge. Die Fahrt geht durch den alten Wasserbehälter, in dem früher 500 000 Liter des kostbaren Nasses Platz fanden.

Oben am Aussichtspunkt angekommen, hat man einen herrlichen Blick über Mülheim und das Ruhrtal bis nach Oberhausen und Essen.

Der **Wasserturm** selbst wurde 1892/93 von August Thyssen zur Versorgung seines Eisenwalzwerkes und der Gemeinde Styrum erbaut. Die Rheinisch-Westfälische Wasserwerksgesellschaft, die heute auch dieses Museum betreibt, kaufte den Turm 1912 und nutzte ihn bis zu seiner Stilllegung 1982 gemäß seiner ursprünglichen Bestimmung. Seit 1989 steht das Gebäude unter Denkmalschutz. Für die Landesgartenschau im Jahr 1992 wurde der Wasserturm dann saniert und zum Aquarius Wassermuseum umgestaltet.

Nach Beendigung unseres Museumsbesuchs bietet sich als Abfahrtsort der Bahnhof Mülheim-Styrum an, der nicht weit vom Aquarius entfernt ist.

EXTRA

ENTLANG DER RUHR

Der Ruhrtalradweg

220 Kilometer ist die Ruhr lang. Von den grünen Hügeln des Sauerlands fließt sie in unzähligen Windungen vorbei am Arnsberger Wald und entlang der Ruhrstädte bis zum Rhein. Fast auf der ganzen Länge zieht sich der Ruhrradweg am Ufer entlang.

Wer mag, kann also von der Ruhrquelle bei Winterberg im Sauerland bis zur Rheinmündung radeln, ohne allzu viel vom Autoverkehr gestört zu werden. 220 Kilometer voller Abwechslung, Radelspaß und Natur im bevölkerungsreichsten Bundesland.

Von der Ruhrquelle verläuft der Radweg zwischen waldreichen Hängen und Tälern zunächst nordwärts und wenig später überwiegend gen Westen. Beschauliche Orte wie **Meschede, Arnsberg** und **Fröndenberg** liegen auf dem Weg, bevor das Ruhrgebiet erreicht wird. Dort durchzieht der Fluss meist die grünen Ränder der Städte. Das macht den Ruhrtalradweg zu einem alternativen (Rad-)Zugang zu vielen Orten und Sehenswürdigkeiten. Sechs Millionen Menschen leben in der dichtbesiedelsten Region Deutschlands

und dennoch sieht man vom Ruhrtalradweg aus kaum weniger Grün als zuvor im Sauerland. Fördertürme gibt es auf dem Weg zwar auch noch zu sehen, doch sind diese schon lange außer Betrieb und in den meisten Fällen zu einem Industriedenkmal umgestaltet. Erst kurz vor der Mündung bei Duisburg erreicht die Ruhr doch noch eine richtige Industrielandschaft, den eindrucksvollen Rheinhafen.

Eine Fahrt am Ruhrufer bedeutet auch eine Tour entlang der Ufer von einem halben Dutzend Stauseen. Diese sollte man nicht einfach nur links liegen lassen, sondern auch mit einem der zahlreichen Ausflugsschiffen befahren. So kann man sich einen Teil des Ruhrtalradweges auch mal vom Wasser aus anschauen und die vielleicht müden Beine ausruhen lassen.

Der Ruhrtalradweg ist durchgehend einheitlich beschildert, angegeben werden Fahrtrichtung und die Entfernung zum nächsten Ort. Auch Hinweise auf radlerfreundliche Unterkünfte entlang des Ufers gibt es.

Ruhrtalradweg
Mehr Information unter
www.ruhrtalradweg.de

ARLAMENT

Rund um Essen

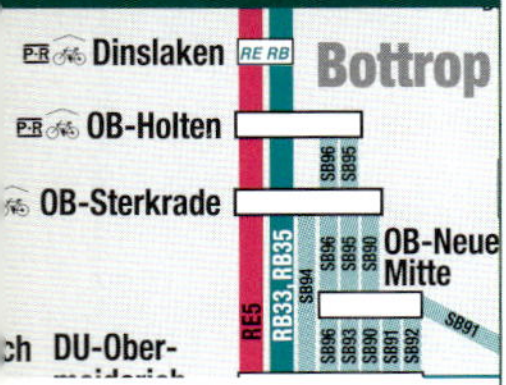

Start
Bhf. Oberhausen-Sterkrade (RE 5, RB 33, RB 35) und Bus 954 bis Kleekamp oder mit dem Rad

(Rad-)Wanderung
Für Kinder geeignet (Steigung auf die Halde)
Bhf. Oberhausen-Sterkrade - Halde Haniel - Freizeitpark
6 km einfach

Dauer
2-3 Stunden

Woodpecker's Roadhouse
Restaurant
Zur Grafenmühle 144-147
46244 Bottrop
((02 04 5) 41 00 48
www.woodpeckers-roadhouse.de
Beliebter Motorradtreff im amerikanischen Stil mit Außenterrasse, tägl. von 9-1 Uhr.

BOTTROP ▪ HALDE HANIEL

Ausflugsziel des Vatikans

Wer im Ruhrgebiet noch ein aktives Bergwerk sehen möchte, das Steinkohle fördert, der muss entweder lange suchen oder ausgerechnet zu einem Naturpark fahren.

Der Naturpark Hohe Mark umfasst einen Teil des Münsterlandes und des Niederrheins, reicht aber auch bis in das nördliche Ruhrgebiet hinein, wo sich die Bottroper Zeche Prosper-Haniel befindet. Weithin sichtbar ist der grüne Förderturm der Schachtanlage, die direkt an den Naturpark grenzt. Höher als der Förderturm jedoch ist die Abraumhalde im Norden der Zeche. Mit fast 160 Metern ist die **Halde Haniel** die höchste der Region. Sie wuchs im Laufe der Jahrzehnte durch den Abraum der Zechenanlage Prosper-Haniel.

Die Halde besitzt ein Bergplateau in Form von zwei ineinander übergehender Spiralen, das nach einem Entwurf von Landschaftsarchitekt Josef Hermanns so gestaltet wurde. Zum Konzept gehört auch, dass die Halde kaum begrünt ist. Dadurch soll die markante geometrische Form des künstlichen Berges noch besser zur Geltung kommen und auch von Weitem gut sichtbar sein.

Auch wenn der nördliche Teil der Halde noch heute aufgeschüttet wird, so ist der südliche Abschnitt ein beliebtes Ausflugsziel. Hier beginnt ein Kreuzweg über 15 Stationen, der mit Elementen des Bergbaus kombiniert wurde, und uns in Serpentinen nach oben führt. Der Abraumberg ist nämlich auch eine christliche Begegnungstätte. Karfreitags finden hier regelmäßig Prozessionen statt.

Auf der südlichen Haldenspitze angekommen, stehen wir vor einem großen Gipfelkreuz. Es zeigt das Ende des Kreuzwegs an und markiert gleichzeitig als Landmarke den mit 126 Metern höchsten Punkt der Halde Haniel. 1987 wurde das Kreuz anlässlich der Anwesenheit von Papst Johannes Paul II. von Auszubildenden der Zeche Haniel angefertigt und von ihm geweiht. Der Papst war zwar nicht auf der Halde, besuchte aber das Bergwerk, das uns nun zu Füßen liegt und von der Halde aus gesehen klein wirkt. Lediglich die Geräuschkulisse auf dem Aussichtspunkt verrät die rege Betriebsamkeit in der Zeche. Doch ganz oben sind wir am Gipfelkreuz noch immer nicht. In der Mitte der Halde ist ein weiterer Aufgang. Die **Himmelsleiter** ist zwar sehr steil, aber unbedingt lohnenswert. Erst auf dieser zweiten Aufschüttung sieht man die Mondlandschaft der Halde, die mit einem Kunstdenkmal versehen ist. Über einhundert bunte Eisenbahnschwellen wurden 2002 von dem baskischen Künstler Ibarrola aufgestellt und erinnern - zumindest von weitem betrachtet – ein wenig an das englische Stonehenge. Die Installation mit dem Namen „Totems" soll, so der Künstler, die „scheinbaren Gegensätze von Industrieraum und Natur" verbinden.

Die „Totems" bilden einen Halbkreis um eine riesige Mulde, in der sich etwas weiter unten ein **Amphitheater** nach griechischem Vorbild befindet. Die Idee für ein Theater auf der Bottroper Halde kam 1996 auf, nachdem das Theater Oberhausen hier ein Open Air-Stück aufgeführt hatte. Kurz darauf wurde der Bau der Bergarena auf der

Kunst auf der Halde Haniel

Die Bergarena auf der Halde Haniel

Halde in die Tat umgesetzt. 800 Menschen finden hier Platz. Gespielt werden in unregelmäßigen Abständen Stücke wie die Dreigroschenoper oder Der kleine Horrorladen. Im Jahr 2010 wird es im Rahmen der Feierlichkeiten zur Kulturhauptstadt „Ruhr.2010" eine Neuinszenierung der Oper „Aida" von Giuseppe Verdi geben. Dank des Theaters ist die Halde Haniel auch die am stärksten kulturell genutzte Abraumhalde im Ruhrgebiet.

Aber auch ohne Aufführung ist die Kulisse rund um den höchsten Punkt der Halde imposant. Im Süden der Blick über Oberhausen, Essen und Mülheim bis in das Bergische Land, während im Norden die weiten Wälder des Naturparks Hohe Mark zu sehen sind.

Nicht weit ist es von hier zum Freizeitpark Grafenmühle. Nach dem Abstieg halten wir uns in Richtung Norden und gelangen so auf einen Fuß- und Radweg durch den angrenzenden Wald. Er führt uns über die Rotbachroute zum Erholungspark Forellensee an der **Freizeitanlage Grafenmühle.** Hier gibt es zwei kleine Seen und verschiedene Angebote zur Freizeitbeschäftigung, die besonders den kleinen und jung gebliebenen Besuchern Spass machen, darunter

Minigolfanlagen, Bogenschießstände, Mini-Car-Bahnen, Bowlingbahnen, Ponyreiten und Trampoline. Auf dem Kinderspielplatz „Euro-Bungy" warten weitere Spielgeräte und Elektrofahrzeuge auf kleine Besucher. Mehrere Restaurants mit großen Biergärten und Kioske versorgen die Gäste mit Speisen und Getränken.

Am Bikertreff vor dem Roadhouse Woodpecker's kommen Motorradfahrer aus Nah und Fern zusammen. An Sommertagen herrscht an der Zufahrt zwischen den dortigen Kiosken Hochbetrieb, wenn Hunderte von Motorradfahrern sich an der Grafenmühle treffen.

Doch ein wenig abseits der Minigolfanlagen führt ein Weg zu einem kleinen Privatsee, wo man entweder Pit-Pat (eine Art Minigolf) spielen oder sich im Bogenschießen üben kann. Die Pit-Pat und Bogenschießanlagen befinden sich beim Angelparadies, werden aber davon unabhängig betrieben.

Der Eintritt zur Grafenmühle ist kostenlos, die verschiedenen Attraktionen müssen an Ort und Stelle bezahlt werden.

Angelparadies Zur Grafenmühle
Alter Postweg 80
46244 Bottrop
✆ (02 04 5) 47 07
www.angelparadies-zurgrafenmuehle.de
Gegen eine Gebühr können Lachsforellen im See geangelt werden. Auch Nachtangeln (Stoere) möglich.

Forellensee in Grafenmühle

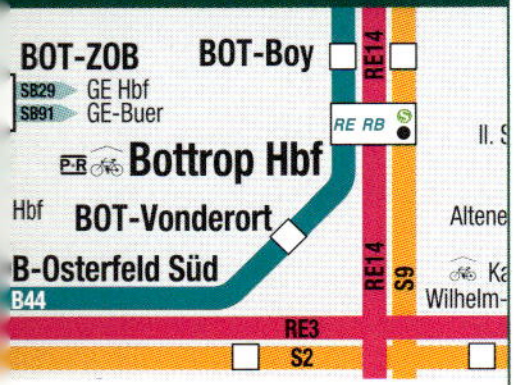

Start
Bhf. Bottrop-Vonderort
RB 44 stündlich ab Bottrop Hbf. oder Oberhausen Hbf.

Spaziergang
Für Kinder geeignet

Dauer
ca. 2 Stunden

Revierpark Vonderort
Bottroper Str.
46117 Oberhausen
☎ (02 08) 99 96 80
www.revierpark.com
Minigolfanlage: Apr.-Okt. tägl. ab 10 Uhr bis zum Eintritt der Dunkelheit, Erw. 3 €, Kinder 2,50 €.

Ballonfahrten
Ansprechpartner Peter Herrman
☎ (02 01) 86 95 32 7
www.ballonstart.de
Pro Person 165 €, aus Sicherheitsgründen stark vom Wetter abhängig.

Solebad, Sauna und Freibad
Mo-Do 8-22.30, Fr-Sa 8-23, So 8-21 Uhr, Kassenschluss 1,5 Std. vorher. Preisstaffelungen ab 4 € für eine zweistündige Einzelkarte (nur Solebad) oder 5 € für das Freibad.

BOTTROP ▪ REVIERPARK VONDERORT

Zu Lande, zu Wasser und in der Luft

Zwischen Bottrop und Oberhausen, nur wenige Meter von der Stadtgrenze zu Essen entfernt, liegt der Revierpark Vonderort und lädt zu zahlreichen Freizeitaktivitäten ein.

Wo vor rund 100 Jahren Sand für die Stahlindustrie abgebaut wurde, entwickelte sich seit den 1960er Jahren ein kleiner Freizeitpark. Durchzogen wird er von der breiten Bottroper Straße, die Oberhausen und Bottrop miteinander verbindet. Der Revierpark Vonderort bietet auf 32 Hektar und 4 km Rundwanderwegen jedem etwas.

Vom Bahnhof Bottrop-Vonderort geht es zu Fuß links die Vonderbergstraße entlang. Schon nach wenigen Hundert Meter erreichen wir den Südrand des **Revierparks,** der hier zu Oberhausen gehört. Hier betreten wir den waldreichen Park und treffen zunächst auf einen Wasserspielplatz und eine Minigolfanlage. Auf einem Teil des Areals lichtet sich der Wald und gibt uns den Blick auf mehrere große Wiesenflächen preis, die zu ausgiebigen Ballspielen und anderen Aktivitäten genutzt werden können. Die Liegewiesen im Revierpark Vonderort sind großzügig, aber nicht übervölkert - hier kann man in aller Ruhe liegen und entspannen, während der Anhang den Park erkundet. Eine ruhigere Ecke ist der kleine See am Rande des Parks. Dort kann man sich gleich hinter dem Spielplatz Tret- oder Ruderboote ausleihen. Am Ufer des Sees steht ein Pavillon, in dem in den Sommermonaten regelmäßig kleinere Konzerte stattfinden.

Eine besondere Attraktion des Revierparks sind Heißluftballonfahrten. Die Gondeln starten bei geeignetem Wetter zu Rundflügen über Essen, Oberhausen, Mülheim und das nordwestliche Ruhrgebiet. Dieser nicht ganz billige Spaß dauert ca. eine bis eineinhalb Stunden.

Nördlich der Bottroper Straße liegen ein So-

Energiespirale im Gesundheitspark

lebad und eine Eishalle im Revierpark. Ein Frei- und Wellenbad sowie eine 90 Meter lange Rutsche machen gerade den kleinen Wasserratten Spaß. Im Winter kann man sich in der Eishalle mit den Kufen auf das gefrorene Wasser wagen.

An den Parkplätzen des Revierparks überschreiten wir die Stadtgrenze und befinden uns fortan wieder in Bottrop. Gleich auf der rechten Seite geht ein Spazierweg rechts in den Wald hinein und führt uns zu einer leichten Erhebung mit einer außergewöhnlichen Konstruktion. Die dortige Pyramide besteht aus mehreren Holzlatten und ist ein Wahrzeichen des **Gesundheitsparks Quellenbusch.** Unterhalb der Pyramide gehen wir an Rosensträuchern entlang, überqueren die Straße und passieren die so genannte Energiespirale. Etwas weiter in den Wald hinein, kommen wir schließlich zum Knappschaftskrankenhaus. Da der Gesundheitspark am Krankenhaus mit seinen Kräutergarten, Balancierbalken und Bambushecken nicht nur für Patienten, sondern für alle gedacht ist, lohnt ein erholsamer Spaziergang dorthin.

Restaurant Waldhof
gegenüber der Eishalle, tägl. von 12-23.30 Uhr, von Okt.-März Mo geschlossen.
Überwiegend italienische Küche

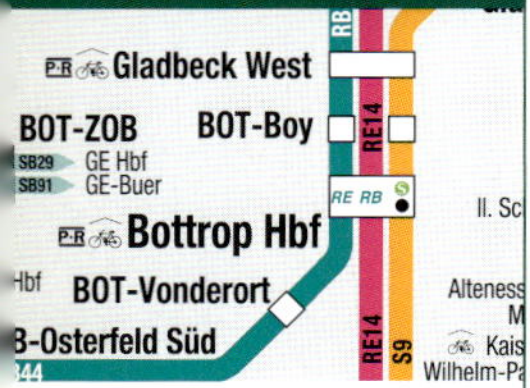

Start
Bhf. Bottrop-Boy
RB 44 ab Bottrop Hbf.
oder S9 ab Essen Hbf.

Spaziergang
Industriekultur
Für Kinder geeignet
Weg zur Halde über Horster Straße, Gabelsberger Straße, Batenbrock- und Beckstraße, 2 km einfach

Dauer
ca. 2 Stunden

BOTTROP ▪ TETRAEDER

Pyramide von Bottrop

Aussichtsplattform, Kunstwerk, Sehenswürdigkeit, Ausflugsziel und ein Geheimtipp für das nächtliche Silvesterfeuerwerk zugleich. Die Rede ist von der Halde Emscherblick mit dem darauf befindlichen 60 m hohen Stahlgerüst namens Tetraeder.

An ägyptische Verhältnisse reicht die Konstruktion in Bottrop zwar nicht heran, dennoch wird das Gebilde oft als Pyramide bezeichnet. Ihr richtiger Name lautet Tetraeder, doch mit der Namensgebung alleine ist es nicht getan. Laut Duden ist es das Tetraeder, weil es sich um einen dreidimensionalen Körper handelt (ähnlich wie das Quadrat), doch im allgemeinen Sprachgebrauch in der Region hat es sich eingebürgert, der Tetraeder zu sagen.

Begonnen hat alles mit der Errichtung der **Halde Emscherblick,** die bis in die 1990er Jahre aus den überflüssigen Materialien der Zeche Prosper II entstand. Bereits dieser künstliche Berg bringt es auf eine Höhe von 90 Metern und ist über ein verzweigtes Weggeflecht begehbar. Terrassenförmig kann man die Halde in einem mehrstündigen Spaziergang ein paar Mal umrunden oder den kürzeren, aber dafür steileren Aufstieg wählen. Für ganz Eilige gibt es auch eine Treppenkonstruktion mit fast 400 Stufen. Bei Nässe sind diese jedoch mit Vorsicht zu genießen!

Wer oben angekommen ist, wird den Ausblick nicht vergessen. Fast das gesamte Ruhrgebiet ist zu sehen und bei guter Sicht reicht der Blick bis ins Bergische Land. Sehr gut zu erkennen ist die 20 km entfernte Skyline von Essen mit ihren hohen Bürotürmen in Richtung Süden, während noch ein Stück dahinter sogar der Langenberger Sender in Velbert zu sehen ist. Wendet man sich in Richtung Westen, blickt man am Horizont auf die Kräne des Duisburger Hafens und etwas weiter im Vordergrund auf das Oberhausener CentrO

Silvesterromantik

Als Geheimtipp hat sich der Besuch am letzten Tag des Jahres bewährt. Natürlich ist man auf der Halde nicht allein, aber der Anblick, wenn um Mitternacht im gesamten Ruhrgebiet die Raketen und am Oberhausener CentrO das Feuerwerk gestartet werden, ist unvergesslich.

und den angrenzenden Gasometer. Während im Norden fast nur Wald zu sehen ist, reicht der Blick ostwärts bis zum Gelsenkirchener Stadion Auf Schalke und zum Bergbaumuseum in Bochum. Kurz: das ganze Ruhrgebiet liegt einem zu Füßen. Von keinem anderen Punkt aus hat man einen besseren Überblick über die Region. Außer man nimmt nun auch die letzten Stufen auf sich und erklimmt den **Tetraeder.** Dieser wurde 1995 im Rahmen der Internationalen Bauausstellung (IBA) errichtet und besitzt drei Plattformen, für die man schwindelfrei sein sollte. Die oberste schwebt 40 Meter über der Halde und setzt dem Panorama noch die Krone auf. Dabei ist die Plattform auch noch absichtlich mit einer leichten Neigung gehalten und verursacht bei Höhenängstlichen ein flaues Gefühl im Magen.

Besonders schön ist die Begehung der Halde und des Tetraeders in den Abendstunden, wenn die Schornsteine der Kokerei Zollverein, die Zeche Zollverein und der Oberhausener Gasometer illuminiert werden und am Horizont die Sonne im Abendrot verschwindet.

Im Tetraeder geht es hoch hinaus

Halde Emscherblick
an der Beckstraße
Haltestelle Tetraeder
Täglich rund um die Uhr begehbar, im Winter ist aber der Zugang zum Tetraeder gesperrt.
Eintritt frei

TOUR 16

Start
Bhf. Bottrop-Feldhausen/Freizeitpark (RB 44/RE 14 von Bottrop Hbf., 2x stündlich)

Park und Freizeitpark
Für Kinder geeignet

Vergnügen für Jung und Alt in den Kirchhellener Freizeitparks

BOTTROP ▪ KIRCHHELLEN

Hollytrop

Die wohl größte Dichte an Freizeitparks weltweit dürfte der kleine und beinahe ländliche Bottroper Stadtteil Kirchhellen haben. Im Ortsteil Feldhausen gibt es gleich zwei Freizeitparks nebeneinander.

Begonnen hat alles Mitte des 18. Jahrhunderts, als der westfälische Barockbaumeister Johann Konrad Schlaun das Wasserschloss Beck entwarf und erbauen ließ. Doch im Laufe der Jahrhunderte verfiel das von Kriegen verschonte Schloss zusehends. Erst ab dem Jahr 1966 begann ein neuer Besitzer mit der Restaurierung. Gleichzeitig wandelte man den dazugehörigen Schlosspark in einen kleinen Freizeitpark um. Mit den Eintrittsgeldern finanzierte man die Schlossrestaurierung. Heute erstrahlt **Schloss Beck** in neuem Glanz. Es kann besichtigt werden, während draußen im Schlossgarten die Kinder ihre helle Freude an den Attraktionen und Fahrgeschäften haben. Allerdings zieht der Freizeitpark eher kleinere Kinder an. Es gibt keine aufwendigen und mit Superlativen bestückten Fahrgeräte. Stattdessen vergnügen sich die Kleinen mit Karussells, Oldti-

Schloss Beck

merbahnen, Riesenrutschen und einer Marienkäferachterbahn.

Viel spektakulärer geht es dagegen gleich nebenan zu. Der **Movie Park Germany** ist nur fünf Gehminuten entfernt und hat ebenfalls eine bewegte Geschichte. Ein Jahr nachdem man mit der Restaurierung von Schloss Beck begonnen hatte, wurde an der Stelle des heutigen Movie Parks der Kirchhellener Märchenwald eröffnet. Daraus wuchs später der Traumlandpark mit großen Dinosaurierplastiken im angrenzenden Wald. Nach seiner Schließung – dem dortigen Aussterben der Dinosaurier – versuchte sich ein Jahr lang ein Investor mit einem Bavaria-Filmpark auf dem Gelände. Doch der große Durchbruch kam erst mit Hilfe aus Hollywood: Es entstand die Warner Bros. Movie World mit spektakulären Attraktionen, heute Movie Park genannt. In verschiedenen Themenbereichen trifft man auf Spongebob und Co., kann sich auf unterschiedlichen Hightech-Karussells durchschaukeln lassen oder im 4D-Kino Platz nehmen, um in die Welt des virtuellen Kinohelden Shrek einzutauchen.

Wer es etwas ruhiger zugehen lassen möchte, der besucht einfach nur zur Unterhaltung eine der zahlreichen Shows. Höhepunkt ist die Stunt und Action-Show, in der Darsteller filmreife Stunts präsentieren.

Schloss Beck
Am Dornbusch 39
46244 Bottrop
✆ (02 04 5) 51 34
www.schloss-beck.de
Mitte März-Ende August sowie die Septemberwochenenden tägl. 9-18 Uhr, Erw. 9 €, Kinder 8 €.

Movie Park Germany
Warner Allee 1
46244 Bottrop
✆ (02 04 5) 89 90
www.moviepark.de
Mitte März-Ende Okt. 10-18 Uhr, teils bis 20 oder 22 Uhr. Erw. 31 €, Kinder 27 €, Familienkarte (2 Erw. und 3 Kinder) 125 €.

TOUR 17

Start
Bhf. Gladbeck-Ost (RB 43) und Bus 189 ab Gladbeck-Oberhof (nähe Bhf. Gladbeck-Ost) bis Stadion oder 2,5 km zu Fuß oder per Rad

Spaziergang
Museumsbesuch
Für größere Kinder geeignet

Dauer
ca. 2 Stunden

Museum der Stadt Gladbeck
Burgstraße 64
Wasserschloss Wittringen
45964 Gladbeck
(02 04 3) 23 02 9
www.museum-gladbeck.de
Di-Fr 9-13 und 14-17, Sa 13-17, So 11-17 Uhr, Eintritt frei

GLADBECK ▪ WASSERSCHLOSS WITTRINGEN

Adel verpflichtet

Gladbeck gilt eigentlich als eine der unspektakulärsten Städte des Ruhrgebietes. Dabei hat die Stadt mit dem Wasserschloss Wittringen und seiner Umgebung ein echtes Ausflugs-Highlight zu bieten.

Südlich der Gladbecker Innenstadt, umgeben vom dichten Stadtwald, liegen mehrere kleine Seen. Im größten dieser Seen erhebt sich das prächtige **Wasserschloss.** Rund um das Schloss wurde seit den 1920er Jahren ein Volkspark mit Spielwiesen und Sportplätzen, Licht- und Luftbad, Freibad und Stadion angelegt. Die bewegte Geschichte des Bauwerks **Haus Wittringen** ist an einer Tafel am Biergarten im Schlosshof nachzulesen. Das Wasserschloss bzw. die damalige besitzende Adelsfamilie von Wittringen wurden schon im 13. Jahrhundert das erste Mal erwähnt. Während des Dreißigjährigen Krieges verwüsteten hessische Söldner die damalige Burganlage. Das zerstörte Herrenhaus wurde zunächst als Fachwerkbau wieder aufgebaut und erst 1922 nach alten Plänen im Stil der niederrheinischen Renaissance wieder errichtet. Aber auch der historische Fachwerkbau ist heute noch

zu bewundern.

In seinem Inneren und im Torhaus hat die Stadt Gladbeck das stadthistorische **Museum** untergebracht. Auf mehreren Etagen widmet es sich der geologischen Entwicklung von der Eiszeit bis zur Moderne und zeigt anschaulich die Geschichte der Stadt. Nicht vergessen werden darf dabei natürlich die Geschichte des Bergbaus und der Industrie in Gladbeck. Im Museum lernt man auch, dass das vorliegende Buch wahrscheinlich anders gegliedert wäre, wenn die Aufteilung der Stadt Gladbeck im Jahr 1975 nicht durch ein Gerichtsurteil wieder aufgehoben worden wäre. Ohne diesen Richterspruch würde es Gladbeck heute nicht mehr geben. Denn eigentlich sollte das Stadtgebiet zwischen Essen, Gelsenkirchen und Bottrop aufgeteilt werden.

Über eine Fußgängerbrücke gelangen wir vom Schloss auf eine kleine Insel, auf der man unter Umständen durch ein lautes Kreischen begrüßt wird. Mehrere Papageien, exotische und heimische Vögel sind dort in Volieren untergebracht und können betrachtet werden.

Wieder auf dem „Festland" erreichen wir über verschlungene Spazierwege einen Spielplatz mitten im Wald, eine Minigolfanlage, ein Ehrenmal sowie Spiel- und Liegewiesen, die zum Picknicken oder Ballspielen einladen.

Restaurant Wasserschloss Wittringen
Burgstraße 64
45964 Gladbeck
☎ (02 04 3) 22 32 3
www.wasserschloss-wittringen.de
Tägl. 12-15 und 18-22 Uhr
Im Fachwerkanbau des Schlosses. Terrasse mit Blick auf den See und die Vogelinsel.

Freibad Wittringen
Schützenstr. 120
45964 Gladbeck
☎ (020 43) 260 44
Im Sommer tgl 8-19.30 Uhr. 3 €, ermäßigt 1,50 €. Großrutsche für Kinder.

Wasserschloss Wittringen

Verschiedene Jahrhunderte prägen das wiederaufgebaute Schloss Wittringen ▸ Seite 54

Start
Bhf. Essen-Hügel
(S6 ab Essen Hbf.)

Wanderung oder Radtour
Für Kinder geeignet

Dauer
ca. 2 Stunden
(ohne vollständige Seeumrundung)

Villa Hügel
45133 Essen
☎ (02 01) 61 62 90
www.villa-huegel.de
Hügel-Park
Tägl. von 8-20 Uhr,
Eintritt 1 €
Villa Hügel
Di-So 10-18 Uhr,
für Park und Villa
Eintritt 3 €

Restaurant Hügoloss
An der S-Bahn-Station
unterhalb der Villa
Freiherr-v.-Stein-Str. 211 a
☎ (02 01) 47 02 17
www.restaurant-huegoloss.de
Tägl. 11-24 Uhr
Ausflugslokal mit griechischen Spezialitäten und Panoramaterrasse mit Blick auf den Baldeneysee.

ESSEN ▪ BALDENEYSEE & VILLA HÜGEL

Unternehmerwillen schafft Unternehmervillen

Im Süden von Essen staut sich zwischen den Stadtteilen Kupferdreh und Werden der Fluss, der der Region den Namen gab. Die Ruhr bildet hier in einem Tal den künstlichen Baldeneysee. Über all dem thront die Villa Hügel mit ihren imposanten Parkanlagen, ein Erbe der Krupp-Dynastie.

Wenn wir an der Haltestelle Essen-Hügel aussteigen, haben wir die Qual der Wahl: zuerst die Villa Hügel besichtigen oder zu einem Spaziergang am Baldeneysee starten?

Wir entscheiden uns zunächst für den Aufstieg zur **Villa Hügel.** Steil hinauf geht es von der Hauptstraße ab dem S-Bahnhof zum Eingang des Villenparks. 28 Hektar misst der Hügel-Park, der durch sein stetes Auf und Ab seinen Namen redlich verdient hat. Inmitten dieser Anlage, in der sich große Wiesen mit kleineren Wäldern abwechseln, befindet sich das repräsentative Haupthaus, die Villa Hügel. Der Sitz der Familie Krupp wurde 1872 fertig gestellt und beherbergt über 250 Zimmer, in denen die Industriellenfamilie wohnte. Die Blütezeit der Villa war zu Beginn des 20. Jahrhunderts, als man die ohnehin schon imposante Inneneinrichtung erweiterte und die Enkelin des verstorbenen Alfred Krupp die Villa übernahm.

Nach dem Zweiten Weltkrieg wurde das Gebäude kurzzeitig von den Alliierten genutzt und ging später wieder in den Besitz der Familie über. Seit den 1950er Jahren werden in den prunkvollen Räumen des Anwesens in unregelmäßigen Abständen Kunstausstellungen arrangiert, während in einem Nebengebäude ein Museum zur Geschichte der Firma Krupp untergebracht ist.

Der Park bietet zudem eine schöne Aussicht auf den weit unten liegenden Baldeneysee. Man kann bei dem Anblick verstehen, warum Alfred

Der Baldeneysee ist auch ein beliebtes Segelrevier

Krupp den Familiensitz an diese Stelle gelegt hat.

Doch nun zurück Richtung S-Bahnhof und hinunter zum **Baldeneysee.** Dort angelangt und am Ufer entlangspaziert, geht es in Richtung Osten an der Regattastrecke und dem Schloss Baldeney vorbei. Hier kann man zwischen Ufer, Yachthafen und kleinem Wäldchen die Idylle genießen. Schloss Baldeney, das aus einer mittelalterlichen Wasserburg hervor ging, stand nach einem Brand im Seeterrassen-Restaurant lange Zeit leer. Momentan wird es zu einem Naturheilmedizinischen Versorgungszentrum umgebaut.

Radfahrer haben am Nordufer zu großen Teilen zwar einen eigenen, asphaltierten Fahrradweg, doch von diesem aus nur selten einen Blick auf den Stausee. Der Streckenabschnitt ist Teil des **Ruhrtalradweges.** Eine Umrundung des Gewässers ist auch möglich: Für die exakt 15 km lange Strecke benötigt man mit dem Rad rund eine Stunde, zu Fuß sollte man dreieinhalb Stunden veranschlagen. Die beiden „Enden" des lang gestreckten Sees werden mit einer Holzbohlenbrücke im Osten und dem Werdener Stauwehr im Westen überbrückt. Bei letzterem muss man das Fahrrad allerdings in einer Laufschiene einige Stufen hochschieben. Gelegenheiten, um seinen Durst zu stillen, sind am Wegesrand regelmäßig vorhanden.

Südtiroler Stuben
Unmittelbar am Ufer des Baldeneysees
Freiherr-vom-Stein-Str. 280a
☎ (02 01) 47 28 48
www.suedtiroler-stuben.de
Apr.-Mitte Dez., tägl. 10-22 Uhr, überwiegend italienische Spezialitäten

Weiße Flotte Baldeneysee
Hardenbergufer 379
45239 Essen
☎ (02 01) 84 04 36 0
www.flotte-essen.de
Mitte Apr.-Anfang Okt. Rundfahrten auf dem See. Anlegestellen am Nordufer: Hügel, Baldeney, Heisingen.

Start
Bhf. Essen-Kupferdreh
(S 9 ab Essen Hbf.)

Radtour
Für Kinder geeignet
Kupferdreh - Deilbach-hammer - Langenberg

Länge
10 km

Rückfahrt
Bhf. Velbert-Langenberg, (S9 bis Essen Hbf.)

ESSEN ▪ DEILBACHTAL

Deilbachhammer und Bücherstadt

Im Essener Süden lädt das Deilbachtal zu einer kleinen Radtour bis in die gemütliche Altstadt von Velbert-Langenberg ein. Auf dem Weg dorthin gibt viel Natur zu sehen, aber auch Industriegeschichte.

Der **Deilbach** ist ein 20 km langes Flüsschen, das bei Wuppertal entspringt und am südlichen Ufer des Essener Baldeneysees mündet. Kurz vor der Mündung fließt der Bach durch Essen-Kupferdreh. Davon sieht man aber zunächst nichts, da er hier unter die Erde verlegt wurde.

Um zum Deilbach zu gelangen, folgen wir vom S-Bahnhof Essen-Kupferdreh der Radroute nach Süden bis zur Straße Deilbachtal (mäßig befahrende Straße, die zunächst durch ein Gewerbegebiet führt). Gekennzeichnet ist der Weg mit einer grünen Krone, dem Zeichen für die **Kaiser-Radroute.** Nach ca. 4 Kilometern ist der Deilbachhammer erreicht. Der **Deilbachhammer** ist eines der letzten Hammerwerke auf Essener Stadtgebiet. Es war bereits im 16. Jahrhundert in Betrieb. Obwohl das Gebäude als Außenstelle

Hespertalbahn
((02 01) 40 85 61 9
www.hespertalbahn.de
Einfache Fahrt 2,20 €, für Kinder 1,60 €
Die historische Dampfeisenbahn fährt meist an Sommerwochenenden am Baldeneysee zwischen Kupferdreh (Alter Bhf.) und Haus Scheppen.

Am Deilbachhammer

Langenberg Altstadt

zum Ruhrlandmuseum gehört, ist sein Zustand leider momentan eher schlecht, da das Geld für die Sanierung fehlt.

Nach dem Deilbachhammer geht es noch ca. 1 km weiter am Flusstal entlang, bis die Radroute am Voßnacker Weg nach rechts abknickt und zunächst das Deilbach-Flusstal verlässt. Durch den grünen Taleinschnitt geht es nun leicht bergauf. An der Kupferdreher Straße halten wir uns links Richtung Langenberg. Vorbei an einem Windrad und einem Bauernhof, überqueren wir bald die Nierenhofer Straße. An dem folgenden kleinen Kreisverkehr radeln wir in die Meisenstraße, Hopscheider Weg und über die Bergstraße bergab. Am Ende links und sofort wieder rechts und wir befinden uns auf der Voßkuhler Straße, die uns am Bahnhof vorbei in die gemütliche Altstadt von Langenberg im Deilbachtal führt. Mit verwinkelten und kopfsteingepflasterten Straßen bietet der Velberter Ortsteil **Langenberg** eine hübsche Kulisse zwischen bewaldeten Hügeln, die sich sanft um den Ort und das Flusstal erheben. Langenberg gilt auch als Bücherstadt, denn der Ort zählt nicht weniger als ein halbes Dutzend **Antiquariate.** In einigen Läden kann man sein mitgebrachtes gebrauchtes Buch gegen ein anderes Buch eintauschen. Auch finden regelmäßig Lesungen und Büchermärkte statt.

Mineralienmuseum
Kupferdreher Str. 141-143
45257 Essen-Kupferdreh
☎ (02 01) 88 45 20 0
www.ruhrland-museum.de
Di-So 10-18 Uhr, Eintritt frei.
Besonders Kinder haben Spaß daran, im „Musikraum" Klänge auf verschiedenen Steinen zu produzieren.

Deilbachhammer
Eisenhammerweg 25
45257 Essen-Kupferdreh
☎ (02 01) 88 45 200
www.ruhrland-museum.de
Öffnungszeiten nur nach telefonischer Vereinbarung

Bücherstadt Langenberg
☎ (02 05 2) 92 57 14
www.buecherstadt-langenberg.de

TOUR 20

Start
Messe Ost/Gruga
U 11 ab Essen Hbf.

Spaziergang
Für Kinder geeignet

Dauer
3-4 Stunden

Rückfahrt
Laubenweg
U 17 bis Essen Hbf.

Grugapark Essen
Virchowstr. 167a
45147 Essen
☎ (02 01) 88 83 10 6
www.grugapark.de
Tägl. ab 9 Uhr bis Einbruch der Dunkelheit geöffnet, Erw. 3 €, 1,50 € für Kinder.

ESSEN ▪ GRUGAPARK

Vom Gartenbau zur Gartenstadt

Angefangen hat alles im Jahr 1927 mit der Eröffnung eines Botanischen Gartens. Nur zwei Jahre später fand hier die Große Ruhrländische Gartenbau-Ausstellung – die Gruga – statt. So heißt der berühmte Park bis heute.

Weil Essen im Zweiten Weltkrieg eine wichtige Rüstungsschmiede war, wurde mit über 500 Bomben alleine auf das Grugagelände der Park vollkommen zerstört. Nach seinem Wiederaufbau fand dort die Bundesgartenschau statt. Heute präsentiert sich der **Grugapark** dem Besucher auf einer Fläche von über 70 Hektar.

Zwischen den Essener Messehallen und der Grugahalle, die die Form eines Schmetterlings hat, liegt der Haupteingang des Parks. Einen weiterer Eingang gibt es einige hundert Meter weiter westlich nahe des Radwegs, der an der Halle vorbeiführt.

Radfahren ist allerdings im Park nicht erlaubt, so dass die Mitnahme eines Schlosses unbedingt notwendig ist.

Im Park warten zahlreiche Freizeit- und Erholungsmöglichkeiten auf den Besucher. Angefangen beim Ponyreiten, dem Klettern im Niedrigseilparcours oder einfach der Nutzung einer der großen und zahlreichen Wiesen, die zum Picknicken oder Sport treiben einladen. Zudem gibt es mehr als 500 Tiere in der Gruga zu sehen, die

meisten in einer der größten Vogelfreiflughallen Deutschlands.

Nicht zu vergessen sei der älteste Teil des Geländes, mit dem alles begann, der **Botanische Garten.** Höhepunkt im Garten sind die drei gläsernen Pyramiden, die Tropen- und Wüstenpflanzen beherbergen. Dazu kommen noch ein Staudengarten, ein Rosarium sowie andere Abschnitte, die sich mit Rhododendren oder mediterranen Pflanzen beschäftigen.

Wer keine Lust verspürt, das riesige Areal mit eigenen Füßen zu erkunden, der hat die Möglichkeit, in die Grugabahn einzusteigen und sich auf Schmalspurgleisen durch die Parklandschaft chauffieren zu lassen.

Direkt an das Grugagelände grenzt einer der schönsten Stadtteile Essens – die **Margarethenhöhe.** Dieser ist ebenfalls über die ausgediente Bahntrasse, kurz hinter dem erwähnten Gruga-Nebeneingang, zu erreichen. Der Kern dieses Stadtteils ist die eigentliche Siedlung Margarethenhöhe, die als erste deutsche Gartenstadt gilt und von Margarethe Krupp gestiftet wurde. Die unter Denkmalschutz stehende Siedlung verfügt über schmale, gemütliche Straßen und kleine, efeuberankte Häuser mit hübschen Fassaden. In der Stensstraße 25 kann nach vorheriger Anmeldung eine Musterwohnung besichtigt werden. Erbaut von Georg Metzendorf zwischen 1909-1920, bot die Siedlung für ihre Zeit sehr zweckmäßiges und komfortables Wohnen. Hier lebten viele Krupp-Arbeiter mit ihren Familien, aber auch Angestellte, Beamte und Künstler, so dass die Idee eines klassenübergreifenden Zusammenlebens verwirklicht wurde.

Grugabahn
Tägl. 10-18 Uhr, Erwachsene 2,50 €, 1 € für Kinder.

Grugaturm
In der Zeit von April-Sept. tägl. 11-17 Uhr, Aussichtsturm, der einen schönen Überblick über die Parkanlagen ermöglicht. 0,50 € je Person.

Musterwohnung Margarethenhöhe
Stensstraße 25
Besichtigung auf Anfrage unter ☎ (02 01) 88 45 200 (Ruhrmuseum).

Typische Beschäftigung im Grugapark

Start
Bhf. Essen-Kettwig
(S6 ab Essen Hbf. oder Düsseldorf Hbf.)

Radtour
Rund um den Kettwiger Stausee

Länge
16 km

ESSEN ▪ KETTWIGER STAUSEE

Kleine Tour an der Ruhr

Natürlich kann man die gesamte Ruhr entlang radeln, drei Tage sollte man dafür einplanen. Manchmal reicht aber schon eine kleine Tour ins grüne Ruhrtal zum Kettwiger Stausee im Essener Süden, dem kleinsten der sechs Ruhrstauseen. Dabei kann man auch die schöne Altstadt von Kettwig besuchen.

Wir beginnen unsere Tour am S-Bahnhof Essen-Kettwig und rollen neben den Gleisen auf der Ruhrtalstraße nach rechts bis zum Abzweig Kattenturm. Dort überqueren wir die Gleise, um zum Ruhrradweg zu gelangen.

Hinter den Gleisen sehen wir die Ruine des **Kattenturms.** Bei diesem 13 Meter hohen Gemäuer aus Ruhrsandstein handelt es sich um einen ehemaligen Wohnturm, weitere Überreste der Burg sind jedoch nicht mehr zu sehen. Direkt daneben befinden sich eine Minigolfanlage auf der einen und der Zugang zum **Ruhrradweg** auf der anderen Seite. Diesen nutzen wir und fahren nach rechts in Fließrichtung der Ruhr – falls die Fließrichtung erkennbar ist. Denn schon nach wenigen hundert Metern sehen wir, dass die Ruhr an dieser Stelle zum letzten Mal auf ihrem Weg in den Rhein gestaut wird. Allerdings bildet der **Stausee** lediglich eine minimale Verbreiterung des Flusses, von einem See zu sprechen ist schon fast vermessen. Die rund sechs Meter hohe Staumauer kann befahren werden, um auf die andere Uferseite überzusetzen.

Doch zuvor lohnt unbedingt noch ein Spaziergang durch das alte Städtchen **Kettwig,** das heute zu Essen gehört. Kettwig wurde von den Bombardements des II. Weltkriegs weitestgehend verschont, da es vor allem von der Tuchindustrie geprägt war und keine kriegswichtige Industrie beheimatete. So ist die historische Altstadt mit zahlreichen Fachwerkhäusern in weiten Teilen erhalten, obwohl man auch dort zwischen 1975 und 1977 im Rahmen der Neugestaltung

Schloss Hugenpoet
August-Thyssen-Str. 51
45219 Essen-Kettwig
☎ (02 05 4), 12 04 0
www.hugenpoet.de

Restaurant Hugenpöttchen
In der ehemaligen Remise des Schlosses mit Außenterrasse im Innenhof, tägl. 12-23 Uhr.

Restaurant Kemer
Promenadenweg 1
45219 Essen-Kettwig
☎ (02 05 4) 44 10
Sehr gute türkische Spezialitäten mit angenehmem Ambiente und Blick auf den Kettwiger See.

von Schulstraße und Bürgermeister-Fiedler-Platz einige intakte Fachwerkhäuser – darunter die Gaststätte „Zum Treppchen" – abriss.

Kettwig wurde 1975 eingemeindet und ist durch einen Grüngürtel mit Ackerland und Wäldern vom Essener Zentrum getrennt. Doch nicht nur das verleiht Kettwig einen dörflichen Charakter, auch die hübschen Fachwerkhäuser sowie das Rathaus und die Kirche geben ihr Übriges dazu. So kommt es nicht von ungefähr, dass die Einwohner sich als Kettwiger bezeichnen und nicht als Essener.

Die Kirche am Markt inmitten der **Altstadt** ist seit 1592 protestantisch. Der 40 Meter hohe Turm stammt aus dem 13. Jahrhundert. Das heutige Kirchenschiff aus Ruhrsandstein in Basilikaform wurde 1720/21 erbaut, allerdings größer als das ursprüngliche. Dadurch wurde ein um 4,20 Meter höheres Dach notwendig. Adam Wunderlich ersetzte damit einen mehrfach niedergebrannten Vorgängerbau.

1830 ist die katholische Pfarrkirche St. Peter geweiht worden. Es handelt sich um einen klassizistisch flachgedeckten Bau der Architekten Otto von Gloeden, Adolf von Vagedes unter Mitwirkung Karl Friedrich Schinkels. Der barocke Turm wurde 1886 angebaut. Der ebenfalls barocke Hochaltar stammt aus dem aufgehobenen Katharinenkloster in Gerresheim.

Zu den markanten Punkten gehören auch das Kettwiger Rathaus, das einmal eine Tuchfabrik war und heute das Standesamt und ein kleines Stadtmuseum beherbergt.

Am Tuchmacherplatz in Kettwig

Eingangsportal von Schloss Hugenpoet

Zurück an der Staumauer, überqueren wir diese und folgen der Beschilderung Richtung **Mülheim** an der Ruhr. Auf dem Mintarder Weg zweigt rund 700 Meter hinter dem letzten Haus ein kleiner Weg nach links ab zu einem Wäldchen. In diesem Wald steht das **Schloss Hugenpoet,** ein dreiteiliges Wasserschloss. Zunächst radeln wir auf eines der beiden Nebengebäude zu und durch eine Toreinfahrt hindurch, bis wir im Innenhof des Anwesens sind. Auf der linken Seite steht das von Wasser komplett umgebene Herrenhaus. An seiner Nordseite erheben sich zwei mächtige, rechteckige Türme, die geschweifte Hauben mit Laternen tragen. Das unter Denkmalschutz stehende Bauwerk wurde im 17. Jahrhundert errichtet.

Doch schon in den Jahrhunderten zuvor befanden sich an derselben Stelle mehrere Schlösser, die jedoch immer wieder durch Kriege zerstört wurden. Heute ist in Schloss Hugenpoet ein luxuriöses Hotel untergebracht.

In unmittelbarer Nähe von Schloss Hugenpoet steht Schloss Landsberg, etwa einen Kilometer südwestlich von Kettwig inmitten eines englischen Landschaftsparks mit ausgedehntem Waldgebiet. Es gehört schon zum Stadtgebiet von Ratingen. Die Anlage geht auf eine mittelalterliche Höhenburg vom Ende des 13. Jahrhunderts zurück, die durch den Grafen Adolf V. von Berg erbaut wurde.

Unsere Tour verläuft weiter durch die Auen

der Ruhr in den Mülheimer Stadtteil **Mintard,** der bis zur Gebietsreform 1975 zu Kettwig gehörte. Schon weit vorher konnten wir das imposante Bauwerk sehen, das als Mintarder Brücke oder auch als **Ruhrtalbrücke** bekannt ist. Es handelt sich um die längste aus Stahl gefertigte Straßenbrücke, die in 65 Metern Höhe über die Ruhr führt. Auf dem 1800 Meter langen Bauwerk verläuft die Autobahn 52 zwischen Düsseldorf und Essen. Bundesweite Aufmerksamkeit erlangte die Brücke 1994, als ein junges Mädchen entführt und in dem Hohlkasten unter der Fahrbahn gefangen gehalten wurde.

Auf dem weiteren Weg durch die Ruhrauen und zwischen Feldern und Pferdehöfen entlang erreichen wir die wesentlich kleinere Mendener Brücke. Wir überqueren diese und radeln auf der anderen Ruhrseite auf dem **Leinpfad** wieder zurück nach Kettwig.

Blick auf Kettwig oberhalb des Mühlengrabens

TOUR 22

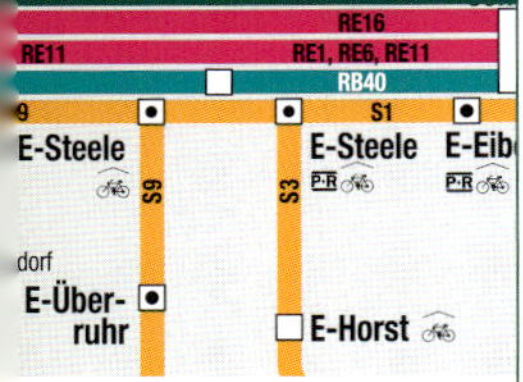

Start
Essen Parkfriedhof (Straßenbahn 109 ab Bhf Essen-Steele)

Rundwanderung
durch das Siepental

Länge
ca. 8 km

Restaurant Steeler Stadtgarten
Am Zugang zum Stadtgarten
Am Stadtgarten 1
☎ (02 01) 5 45 75 26
www.stadtgarten-steele.de
Gediegenes Restaurant und Veranstaltungsort, sonntags Brunchmöglichkeit.

Finca Bar Celona
Westfalenstr. 4
☎ (02 01) 59 27 67 37
www.finca-bar-celona.de
Café-Restaurant im mediterranen Stil direkt am Ruhrradweg, mit Außenterrasse.

ESSEN ▪ SIEPENTAL

Grüne Lunge

Nur zwei Kilometer sind es vom dicht besiedelten und verkehrsreichen Zentrum der Stadt Essen bis zum Ausgangspunkt für eine zweistündige Wanderung. Diese führt uns durch grüne Oasen und zu ruhigen Flussufern.

Von der Haltestelle Parkfriedhof geht es die baumbestandene Moltkestraße hinab. An der Siepenstraße, gleich hinter der Grundschule, biegen wir links ab und spazieren in das **Siepental** hinein. Dieses wird gerne von Anliegern mit Hunden frequentiert, da auf zwei großen Wiesen ausdrücklich erlaubt ist, den Hund ohne Leine laufen zu lassen.

Auf der rechten Seite sieht man zunächst eine typische Kleingartenanlage des Ruhrgebiets, doch unser Weg soll uns weiter ins Siepental führen. Am Feuchtbiotop vorbei gelangen wir zu einem wahren Spieleparadies für Kinder: Tischtennisplatten, Fußballtore, Rutschen und Kinderseilbahnen begeistern die Kleinen.

Anschließend verläuft der Weg im rechten Winkel nach rechts, wo ein weiteres Biotop von Schülern der in der Nähe liegenden Realschule angelegt wurde. Kurz darauf passieren wir alte Backstein- und Fachwerkhäuser bis wir zur ehemaligen Dinnendahl'schen Fabrik kommen, früher Gießerei und Maschinenfabrik. Das Gebäudeensemble steht seit 1992 unter Denkmalschutz und beherbergt heute zahlreiche Lofts.

Wir überqueren die Westfalenstraße, an der die Finca Celona zum mediterranen Umtrunk einlädt. Doch wir gehen direkt am Ruhrufer links und folgen dem **Ruhrtalradweg** in Richtung Essen-Steele. Nietenbrücken werden überquert, Wasserfälle passiert und bevor wir Steele erreichen, biegen wir wieder links ab und überqueren erneut die Westfalenstraße. An der Tankstelle nehmen wir den schmalen Weg auf der rechten Seite steil nach oben, der direkt in die nächste Grünanlage, dem wesentlich höher gelegenen

Ausgedehnte Wiesen prägen das Siepental

Steeler Stadtgarten, führt. Dort oben gesellen wir uns zur Statue von Odysseus und genießen mit ihm den Blick auf das Ruhrtal oder kehren im Restaurant „Steeler Stadtgarten“ ein.

Nun geht es für 500 Meter auf ruhigen Nebenstraßen weiter, vorbei am einstigen Wasserturm, der mittlerweile bewohnt ist.

Über die Straße am Stadtgarten spazieren wir bis zur Steeler Straße, überqueren diese und gehen die Tamperestraße bis zum Ende. Von dort geht es links über den Mählerweg zur nächsten Gartenkolonie und zu einem weiteren Park. Dem Weg durch das ruhige Grün folgen wir bis zum Schluss und biegen am Ententeich rechts ab, umrunden diesen zur Hälfte und gehen parallel zu den Bahngleisen bis zur nächsten Abzweigung nach links.

Schließlich kommen wir an der Straße Am Parkfriedhof heraus und folgen der Knaudtstraße, bis wir wieder an unserer bekannten Haltestelle ankommen. Auf dem ca. 8 km langen Rundweg gibt es keinen einzigen Kiosk und nur die beiden genannten Restaurants, so dass man sich vorab mit einer kleinen Wasserflasche eindecken sollte.

TOUR 23

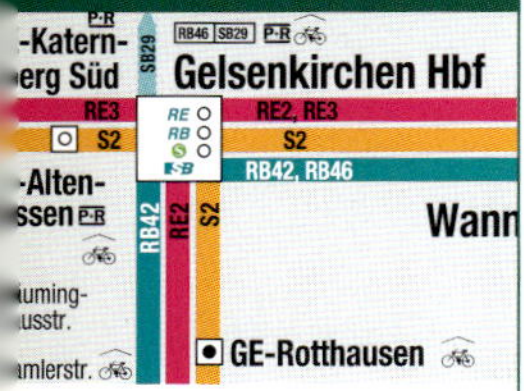

Start
Essen Zollverein (Straßenbahn 107 – die Kulturlinie – von Essen oder Gelsenkirchen Hbf.)

Spaziergang
Industriekultur
Für größere Kinder geeignet

Dauer
2-3 Stunden

Zeche Zollverein
Gelsenkirchener Str. 181
45309 Essen
☎ (02 01) 85 43 0
www.zollverein.de
Der Besuch des Außengeländes ist jederzeit möglich. Infos und Anmeldung zu Führungen unter
☎ (02 01) 24 68 10.

Ruhr-Museum
Zollverein A14
Gelsenkirchener Str. 181
45309 Essen
☎ (02 01) 88 45 20 0
www.ruhrmuseum.de
Tägl. 10-18 Uhr, 5 €.

ESSEN ▪ ZECHE ZOLLVEREIN

Wahrzeichen des Ruhrgebiets

Der Eiffelturm in Paris ist kein Ausflugsziel ins Grüne, dennoch wird er jährlich von Millionen Menschen besucht. Die Zeche Zollverein ist ebenfalls kein klassisches Ausflugsziel ins Grüne und wird nicht selten als der Eiffelturm des Ruhrgebietes bezeichnet.

Begonnen hat alles damit, als es endete. Genauer gesagt: die **Zeche Zollverein** wurde zu einem Publikumsmagneten, als die Förderung der Kohle im Dezember 1986 eingestellt wurde. Seit 1851 förderte man im Essener Stadtteil Katernberg die Kohle, anfangs noch mit rund 250 Bergarbeitern, die 13 000 Tonnen des „schwarzen Goldes" jährlich an die Oberfläche brachten. Im Jahr 1932 waren es mehrere tausend Kumpel. Im selben Jahr wurde auch der Förderturm des Schacht 12 fertig gestellt, der die Zeche zur „schönsten Zeche der Welt" machte. Das Fördergerüst, rund 55 m hoch und im Bauhaus-Stil errichtet, gilt heute als Wahrzeichen von Essen und des Ruhrgebiets.

Zeche Zollverein ist heute ein Zentrum für Kultur und Kreativwirtschaft mit Schwerpunkt auf Design und Architektur. Hier befindet sich der Museumspfad Weg der Kohle, das Besucherzentrum der **Route der Industriekultur**, und im von Norman Foster umgebauten Kesselhaus das Design Zentrum Nordrhein Westfalen,

Im Jahr 2010, wenn sich Essen und das Ruhrgebiet als Kulturhauptstadt präsentieren, wird die Zeche Zollverein im Mittelpunkt zahlreicher Festlichkeiten und kultureller Veranstaltungen stehen. Ein Jahr darauf wird sich die Auszeichnung zum Weltkulturerbe der UNESCO zum zehnten Mal jähren.

Während man zu Zeiten des Zechenbetriebes nur als Beschäftigter die kohlenstaubbedeckte Anlage betreten durfte, so glänzt Zollverein heute für jeden und lädt zu Spaziergängen, Füh-

rungen und Ausstellungsbesuchen ein. Auf dem Zechengelände kann man rund um den Förderturm die einstigen Nebengebäude besichtigen und zwischen alten Gleisanlagen spazieren gehen. In der ehemaligen **Kohlenwäsche** neben dem Förderturm präsentiert das neue **Ruhr-Museum** die Natur- und Kulturgeschichte des Ruhrgebietes. Zu erreichen ist der Eingang der Kohlenwäsche über eine 24 Meter lange, frei schwebende Rolltreppe, die kunstvoll in orangefarbenes Licht eingehüllt ist.

Auf der anderen Seite des Fördergerüstes befindet sich das ehemalige **Kesselhaus**, in dem heute das Designzentrum NRW mit dem „Red Dot Designmuseum" untergebracht ist.

Über neu angelegte Spazierwege gelangt man vom Zechengelände auf das Gelände der **Kokerei** Zollverein. Die Kokerei entstand ab 1957 und produzierte bis zu 5000 Tonnen Koks pro Tag. Anfang der 1970er Jahre wurde die Kokerei Zollverein zu einer der weltweit größten Anlagen ausgebaut. Rund 1000 Menschen arbeiteten hier, viele davon im Schichtbetrieb. Da die Koksnachfrage durch die großen Stahlkrisen stetig sank, wurde die Kokerei am 30. Juni 1993 stillgelegt.

Gehört zum Weltkulturerbe: Zeche Zollverein

Heute gehört die gigantische Anlage zum Ensemble des Weltkulturerbes. Rund um die Kokerei mit ihren sechs hohen und markanten Schornsteinen, die in der Nacht illuminiert werden, lässt es sich gut spazieren gehen.

In der Sommersaison dreht sich in der Anlage ein Riesenrad, von dem nur die obere Hälfte zu sehen ist, da die untere Hälfte tief in die ehemaligen Öfen der Kokerei einfährt. Gleich nebenan liegt das **Werksschwimmbad**, ein Freibad vor einer außergewöhnlichen Kulisse. Im Winter hingegen wird vor den Stahlanlagen der Kokerei regelmäßig die 150 Meter lange künstliche Open-Air-Eisbahn eröffnet und von zahlreichen Schlittschuhfreunden besucht.

Nicht unerwähnt lassen sollte man bei einer Beschreibung der Zeche Zollverein auch die umliegenden Straßenzüge. Das Gelände von Zollverein liegt im Essener Norden zwischen den Stadtteilen Katernberg und Stoppenberg. Das Äußere dieser Viertel ist stark von der einstigen Kohleförderung geprägt und besteht überwiegend aus kleinen Zechenhäusern. Kein Wunder, dass nach der Schließung der Zeche durch die aufkommende Arbeitslosigkeit massive soziale Probleme in den Vierteln entstanden, die jedoch glücklicherweise heute beseitigt sind. So sollte man bei der Besichtigung der Zeche und der Kokerei die umliegenden Straßen nicht auslassen. Zudem fährt durch Essen-Stoppenberg auch die Straßenbahnlinie 107 (▸ Seite 82), die als Kulturlinie geadelt wurde und direkt vor dem Förderturm hält.

Kokerei Zollverein
Ahrendahls Wiese
45141 Essen-Stoppenberg
www.kokereizollverein.de
Infos zu Führungen unter ☎ (02 31) 93 11 22 33. Das Außengelände kann jederzeit kostenlos besichtigt werden.

Red dot Design-Museum
Gelsenkirchener Str. 181
Schacht XII
45309 Essen
☎ (02 01) 30 10 40
www.red-dot.de
Di-Do 11-18 Uhr, Fr-So 11-20 Uhr, 5 €.

Werksschwimmbad
In der Kokerei Zollverein, Ende Juni bis Mitte Aug. tägl. 12-20 Uhr (wetterabhängig), Eintritt frei.

Restaurant Casino Zollverein
Gelsenkirchener Str. 181
45309 Essen
☎ (02 01) 83 02 40
Küche 11.30-22.30, Sa/So bis 0 Uhr.
In einer der ehemaligen Kompressorenhallen der Zeche. Außenterrasse im Sommer.

Schwimmen vor außergewöhnlicher Kulisse: Werksschwimmbad an der Kokerei

Start
Essen Heßlerstraße (U 17)

Wanderung
Für Kinder geeignet

Rückfahrt
Essen Arenbergstraße (U 17)

Dauer
ca. 3-4 Std

ESSEN ▪ SCHURENBACHHALDE

Deutschlandreise

Ehemalige Zechenanlagen und Abraumhalden prägen das nördliche Ruhrgebiet. An der Stadtgrenze zwischen Essen und Gelsenkirchen liegt eine besondere Anlage: die Zeche Nordstern, die zu einem Landschaftsgarten umfunktioniert wurde.

Doch bevor wir uns in den Landschaftsgarten begeben, erklimmen wir die flache Spitze der nebenan liegenden **Schurenbachhalde** auf Essener Stadtgebiet. Sie entstand durch die Abraumlagerung der Zeche Zollverein und bringt es auf eine Höhe von 45 Metern.

Von der Haltestelle Heßlerstraße gehen wir die Altenessener Straße ein kleines Stück Richtung Norden, um bald rechts in die Nordsternstraße abzubiegen. Schnell kommt die Schurenbachhalde in den Blick. Ein Hinweisschild erläutert, dass wir den langen Weg einmal rund um die Halde nehmen können oder den direkten Aufstieg mittels der angelegten Treppen. Letzteres ist angesichts der Strecke, die noch kommen wird, angebracht.

Am Ende der Stufen erreichen wir einen schmalen Fußpfad, der uns leicht ansteigend weiter nach oben bringt und zur Haldenmitte breiter wird. Beim Näherkommen erkennen wir bereits auf dem Mittelpunkt des kleinen Berges die **„Bramme für das Ruhrgebiet“**, eine 14 Meter hohe Installation des amerikanischen Künstlers Richard Serra. Das Wort Bramme bezeichnet die erste Stahlform nach der Produktion, die dann als Vormaterial für die Herstellung von Blechen oder Bändern benutzt wird. Die Skulptur auf der Halde wird von vielen Ruhrgebietlern auch weniger als Kunst, sondern eher als eine einfache, mit Graffiti verschmierte Stahlplatte wahrgenommen. Eine weitere Landmarke dieser Art findet sich auch an der

„Bramme des Ruhrgebiets“ auf der Schurenbachhalde

Deutschlandexpress
Am Bugapark 1c
45899 Gelsenkirchen
☎ (02 09) 50 83 66 0
www.der-deutschlandexpress.de
Do 10-19.30, Fr-So 10-18 Uhr, in den Schulferien und an Feiertagen tägl., 6,50 € für Erw., 4,50 € für Kinder, 15 € Familienkarte.

Nordsternpark
Stadt- und Touristinfo
Bahnhofsvorplatz 1
45879 Gelsenkirchen
(nur Informationen)
www.nordsternpark.info
Der Park kann kostenlos von Essener Gebiet (Emscherstraße) oder von Gelsenkirchen (Am Bugapark) betreten werden.

Mündung der Ruhr in den Rhein (▸ Seite 22).

Zu der Bramme als Kunstobjekt gehört auch die Ebene um die Stahlplatte herum, die nicht bewachsen ist, was der gesamten Umgebung den Charakter einer Mondlandschaft verleiht.

Auf jeden Fall hat man von der Schurenbachhalde einen schönen Ausblick auf die Skyline der Essener Innenstadt, zum Tetraeder und zum Gelsenkirchener Nordsternpark, dem nächsten Ziel unserer Wanderung. Wenn wir die Halde auf demselben Weg verlassen, uns links halten und uns somit von der ständigen Geräuschkulisse der Autobahn entfernen, erreichen wir den Rhein-Herne-Kanal. Vor dem Kanal biegen wir rechts ab und folgen dem Rad- und Fußweg direkt am Wasser entlang. Nach gut eineinhalb Kilometern erreichen wir den Kern des **Nordsternparks.**

Auf der anderen Kanalseite sehen wir bereits das rote Fördergebäude der ehemaligen Zeche Nordstern, wo von Mitte des 19. Jahrhunderts bis 1993 Kohle gefördert wurde. Vier Jahre nach Schließung der Industrieanlage wurde hier die Bundesgartenschau veranstaltet. Seitdem siedelten sich mehrere Attraktionen auf dem einstigen

Zechengelände an.

Zunächst erreichen wir den Wasserspielplatz mit seinen Fässern auf einem künstlichen Teich, die den Kindern große Freude bereiten. An derselben Stelle überspannt eine sehenswerte Brückenkonstruktion den Kanal und bringt uns auf seine Nordseite. Dort fällt unser Blick zuerst auf das Amphitheater. Gleich dahinter führt uns der Weg über die Emscher und am Fördergebäude vorbei bis zum **Deutschlandexpress,** der drittgrößten Modellbahnanlage Deutschlands. Die Miniaturlandschaft reicht von der Nordsee über das Ruhrgebiet, am Rhein entlang bis in die Alpen. Liebevolle Details werden immer wieder erweitert und ergänzt und selbst die Miniaturkohlehalden bestehen aus echter Kohle.

Am Deutschlandexpress gehen wir zurück zum Rhein-Herne-Kanal, bleiben aber auf der Nordseite und gelangen an der begrünten „Pyramide" zurück Richtung Schurenbachhalde, wo eine weitere Brücke den Rhein-Herne-Kanal überspannt. Hier wenden wir uns rechts zum U-Bahnhof Arenbergstraße.

Zeche Nordstern am Rhein-Herne-Kanal

TOUR 25

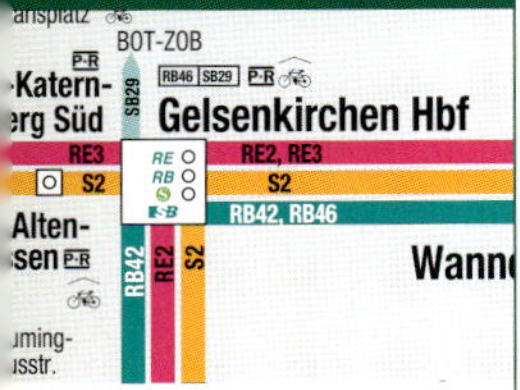

Start
Gelsenkirchen Gesamtschule Ückendorf (Straßenbahn 302 ab Gelsenkirchen Hbf.)

Spaziergang
Für Kinder geeignet

Länge
ca. 2 km

Skulpturenpark Rheinelbe und Himmelstreppe
Leithestraße 35
45886 Gelsenkirchen
Infos unter ✆ (02 09) 147-48 44

Seite 79: Auf Stufen erklimmt man die letzten Meter der Halde Rheinelbe

GELSENKIRCHEN ▪ HALDE RHEINELBE

Himmelsleiter und Höllenfeuer

Nicht weit von der Gelsenkirchener Innenstadt entfernt, im Ortsteil Ückendorf, liegt die Halde Rheinelbe. Sie besitzt nicht nur einen 85 Meter hohen Gipfel, sondern auch ein wirklich heißes Innenleben.

Von der Haltestelle der Straßenbahn gehen wir noch einige Meter auf der Bochumer Straße und biegen dann rechts in einen Weg ein. Wenn wir diesem folgen, gelangen wir automatisch zur Halde. Die **Halde Rheinelbe** wurde im Rahmen der IBA Emscherpark als Naherholungsgebiet erschlossen und gehört heute zu den Landmarken des Ruhrgebiets. Die Halde wartet mit einer Besonderheit auf: Im Abraum, aus dem der Hügel besteht, befinden sich Kohlenreste, die sich durch Wärmestau selbst entzünden und das Haldeninnere auf eine Temperatur von 400° Celsius bringen können. Daher wird Rheinelbe auch als „brennende Halde“ bezeichnet. Der 85 m hohe Gipfel ist mit seinem Kunstobjekt, der Himmelleiter, weithin sichtbar. Die **Himmelsleiter,** das sind mehrere aufeinander gestellte Betonblöcke, die mit zahlreichen Graffiti versehen sind. Der Aufgang zum Haldenpanorama ist spiralförmig angelegt und bei Weitem nicht so anstrengend wie bei anderen „Ruhrgebietsbergen“. Auf den letzten Metern führt eine Treppe hinauf zur Himmelsleiter.

Im Rahmen der IBA Emscherpark wurde die Halde Rheinelbe als Naherholungsgebiet erschlossen. Auf der Halde und dem umliegenden Gelände sind noch viele andere Kunstobjekte zu betrachten. Der Künstler Herman Prigann schuf hier seit Beginn der 1990er einen Skulpturenpark. Seine Arbeiten bestehen aus Stahl, Beton und Naturmaterialien. Die „Windwaage“ z. B. ist eine „klingende“ Stahlskulptur – bei windigem Wetter gibt sie metallische Töne von sich.

Start
Gelsenkirchen ZOOM Erlebniswelt (Straßenbahn 301 ab Gelsenkirchen Hbf.)
oder
Bhf. Gelsenkirchen-Zoo (RB 43 stündlich)

Zoobesuch
Für Kinder geeignet

ZOOM Erlebniswelt
Bleckstr. 47
45889 Gelsenkirchen
(02 09) 95 45 0
www.zoom-erlebniswelt.de
Apr.-Sept. 9-18.30 Uhr, März und Okt. 9-18, sonst 9-17 Uhr
Kassenschluss 1 Stunde vorher
Tageskarte 13,50 € Erw., 9 € für Kinder

Anfahrt per Rad

Der Zoo liegt am Rad- und Fußweg des Rhein-Herne-Kanals. Besucher aus Bochum können auch von der Innenstadt bis zum Zoo kreuzungsfrei über die Erzbahntrasse radeln (▸ Tour 29, Seite 94).

GELSENKIRCHEN ▪ ZOOM ERLEBNISWELT

Die Welt zu Gast in Gelsenkirchen

Der Gelsenkirchener Zoo, der sich seit einiger Zeit Zoom Erlebniswelt nennt, will mehr bieten als ein normaler Tierpark. Davon wollen wir uns bei unserer heutigen Tour überzeugen.

Der Gelsenkirchener Zoo wurde in jüngster Vergangenheit komplett umgestaltet und von Ruhrzoo in **Zoom Erlebniswelt** umbenannt. Zugleich ist das Besucheraufkommen auf fast das Fünffache angestiegen. Anstelle eines einheitlichen Tierparks mit einem Rundgang gibt es auf ca. 30 Hektar die Themenbereiche Afrika, Alaska und ab dem Frühjahr 2010 auch Asien. Dabei sind nicht nur die Tiergehege in verschiedene Bereiche getrennt, sondern gesamte Parklandschaften entsprechend gestaltet. Die Erlebniswelt Afrika war vor ihrer Eröffnung im Jahr 2006 die größte Baustelle Nordrhein-Westfalens. Heute taucht der Besucher hier mitten in die Wildnis ein. Man ist nicht einfach im Zoo, sondern erfährt hautnah den Lebensraum vieler exotischer Tiere.
So kann man in der **Alaskawelt** selber Gold waschen, Biber beobachten oder in einem Fahrgeschäft, das wie ein Iglu auf einer Eisscholle aussieht, auf eine virtuelle Reise durch das Polarmeer gehen. Natürlich wurde auch die Vegetation angepasst: Neben der Polarregion finden sich noch die Bergregion, die Tundra und der Küstenregenwald. In dieser perfekten Illusion leben Eisbären und Elche, Timber-Wölfe und Waschbären. Eine der Hauptattraktionen neben der simulierten Fahrt auf der Eisscholle ist die Bering-Straße, ein 9 Meter langer Glastunnel in der Seelöwenanlage. Diese ist übrigens die größte Europas.

Im Themenpark **Afrika** wandert man bei den Giraffen durch die Serengeti oder beobachtet Gorillas im Regenwald. Außerdem ist ein afrikanisches Fischerdorf mit Wohnhütten und Stallungen zu bestaunen. Diese beherbergen original afrikanische Haustierrassen wie das Watussi-Rind. Der Höhepunkt des Rundganges durch Afrika ist eine Bootsrundfahrt auf einem kleinen See. Besonders sehenswert sind auch die große Dschungelhalle und die Lemuren-Insel mit dem offenen Gehege der Roten Varis.

Während wir auf Safari sind, kann es gut sein, dass wir auf Hyänen oder Löwen treffen. Sehr spannend, aber alles ganz ungefährlich. Denn auch, wenn hier gezielt daran gearbeitet wird, dass wir es vergessen sollen: Wir haben das Ruhrgebiet gar nicht verlassen.

Nach der Fertigstellung des **Asien**-Bereichs im Jahr 2010 kann der Besucher hier in die einzigartige Landschaft des tropischen Regenwalds des Fernen Ostens eintauchen. Das gesamte Gebiet umfasst über 5 ha und bietet Orang-Utans und Pandabären eine Heimat. Mitten im Dschungel wird es für Kinder auch einen Indoor-Abenteuerspielplatz geben.

Weitere Attraktionen für die Kleinen befinden sich im Eingangsbereich der Zoom Erlebniswelt am Grimberger Hof. Hier gibt es einen kleinen Streichelzoo und einen Abenteuerspielplatz.

Eisbär in der Alaskawelt

Gelsenkirchen Hbf.

Heinrich-König-Platz

Musiktheater

Overwegstraße

Feldmarkstraße

Holbeinstraße

Hans-Böckler-Allee

Fürstinnenstraße

Revierpark Nienhsn.

KULTURLINIE 107

Kultur bequem

Entlang der Essener Straßenbahnlinie 107 reihen sich die Sehenswürdigkeiten wie auf einer Perlenkette aneinander. Als Kulturlinie verbindet die gelbe Straßenbahn zwei große Museen, zwei Opernhäuser, einen Dom, eine Philharmonie – und durchquert das Weltkulturerbe „Zeche Zollverein".

Auf einer Strecke von 17 Kilometern liegen Vergangenheit und Zukunft, Industriebrachen und alte Wälder dicht beieinander. Der Weg führt vom Gelsenkirchener Hauptbahnhof zunächst durch den vom Kohleabbau und Arbeitersiedlungen geprägten Essener Norden. Vorbei an bedeutenden Kirchenbauten geht es in die Essener Innenstadt, die wie auch der Stadtteil Rüttenscheid im Tunnel unterquert wird. Die Fahrt endet oberirdisch im grünen Essener Süden mit seinen Villenvierteln.

Wenn wir die Tour am Gelsenkirchener Hauptbahnhof beginnen, können wir schon an der zweiten Haltestelle einen Stopp einlegen und das dortige Musiktheater besichtigen. Das MiR, wie das **Musiktheater im Revier** abgekürzt wird, gilt als eines der bedeutendsten Spielstätten in der Nachkriegszeit. Unübersehbar ist hierbei die große Glasfront des denkmalgeschützten Gebäudes.

An der Haltestelle Feldmarkstraße begegnen wir der ehemaligen, ebenfalls denkmalgeschützten, **Maschinenhalle des Schachts Oberschuir.** Dieser Zechenschacht gehörte einst zur Zeche Consolidation und beherbergt heute mehrere Tagungsräume.

Es dauert nicht lange, bis wir Gelsenkirchen verlassen und uns im nördlichen Essener Stadtteil **Katernberg** wiederfinden. Am dortigen Marktplatz sehen wir schon von der Straßenbahn aus die Evangelische Kirche von Katernberg, die im Jahr 1901 errichtet wurde. Nicht weit vom Gotteshaus entfernt, kümmerte man sich in früheren Zeiten in der Werksfürsorge um die Beschäftigten.

Trabrennbahn
Essen Nienhuser Busch
Hanielstraße
Hanielstraße Schleife
Katernberger Markt
Katernberg Süd Bf
Abzw Katernberg Schleife
Abzweig Katernberg
Zollverein

Von 1928 bis 1965 konnten sich die Frauen der Bergmänner in diesem ehemaligen Gutshof zur Kinderbetreuung oder zu Kuraufenthalten beraten lassen.

Beinahe lohnt es sich gar nicht, wieder in die Straßenbahn einzusteigen. Denn die nächste Haltestelle zeigt nicht nur, wie die Kultur in die Industrie Einzug gehalten hat, sondern auch die Religion. Aus einer ehemaligen **Ölfabrik** wurde am Haltepunkt Katernberg Süd Bhf. eine Kirche. Gleichzeitig erreichen wir auch schon das Umfeld der Zeche Zollverein. Der **Kunstschacht Zollverein** und das **Internationale Choreografische Zentrum,** das in der ehemaligen Waschkaue untergebracht ist, sind in wenigen Minuten zu Fuß vom Bahnhof zu erreichen. Nach einer Rechtskurve mit der gelben Straßenbahn erscheint an der nächsten Haltestelle dann auch die Zollverein School. Diese internationale Hochschule für Management und Design ist im einzigen Neubau auf dem Zechengelände untergebracht. Der weiße quadratförmige Bau fällt durch die unterschiedliche Anordnung seiner Fenster auf.

Von hier aus können wir auch zu Fuß über das Zechengelände flanieren und den Förderturm als Orientierungspunkt nehmen. Genau gegenüber vom Fördergerüst des Schacht XII liegt nämlich die nächste Haltestelle. Die **Zeche Zollverein** ist natürlich die Hauptsehenswürdigkeit an der Linie 107 (▸ Seite 70). Auch die nächste Haltestelle trägt noch den Namen der Zeche. Zollverein Süd ist aber eher als Ausgangspunkt für die gleichnamige Kokerei gedacht.

Auf das Weltkulturerbe folgen drei sehenswerte Kirchen. Die **Nikolauskirche** aus den Anfängen des letzten Jahrhunderts ist im Vorbeifahren gut zu sehen, während die wesentlich ältere **Stiftskirche Maria in Not** hinter der Nikolauskirche steht und zur Besichtigung einen kleinen Fußmarsch erfordert. Es dauert nicht mehr lan-

Zollverein Süd

Nikolausstraße

Ernestinenstraße

Krankenhaus Stoppenberg

Herbertshof

Herzogstraße

Am Freistein

Viehofer Platz

Porscheplatz

ge, bis wir für die weiteren Sehenswürdigkeiten nicht nur die Straßenbahn verlassen, sondern auch wieder an die Erdoberfläche zurückkehren müssen, denn kurz vor der nördlichen Essener Innenstadt verschwindet die Tram unter die Erde. An einem der wichtigsten Haltepunkte Essens, dem Porscheplatz, ist der Kuppelbau der **Alten Synagoge** unbedingt sehenswert. Im Inneren des 1913 fertig gestellten Gebäudes ist eine umfangreiche Ausstellung über das jüdische Leben in der Stadt zu sehen. Der Vorplatz wurde im Jahr 2009 komplett umgestaltet. Schräg gegenüber steht der **Essener Dom**. Der Bau der gotischen Hallenkirche dauerte fast ein halbes Jahrtausend. Im Jahr 1330 konnte sie eingeweiht werden. Besonders hervorzuheben ist hier die Domschatzkammer inklusive der Goldenen Madonna. Gleich neben dem Dom steht ein weltlicher Großbau, die **Lichtburg.** Dieser 1928 eröffnete Filmpalast ist das größte Kino Deutschlands. Die 1250 Sitzplätze verteilen sich auf zwei Etagen, wobei man auf den Balkonen in gemütlichen Sesseln sitzt.

Die Haltestelle Hauptbahnhof ist mit ihrer illuminierten Gestaltung selbst schon ein kleines Kunstwerk geworden, doch die wahren Sehenswürdigkeiten befinden sich am Tageslicht. Dazu gehören zum Beispiel das **Hotel Handelshof,** das ursprünglich den Eltern des berühmten Schauspielers Heinz Rühmann gehörte, sowie das benachbarte **Haus der Technik** mit seinem Arkadengang. Gleich gegenüber erhebt sich der Hauptbahnhof, der im Jahr 2009 komplett umgebaut und neu gestaltet wurde.

Südlich des Hauptbahnhofs fahren wir weiter unterirdisch und erreichen den Saalbau, in dem seit dem Jahr 2004 nach einem Umbau die **Philharmonie** untergebracht ist. Gleich dahinter sehen wir schon das architektonisch beeindruckende **Aalto-Theater,** welches in seiner Form an ein Klavier erinnert.

Die weitere Fahrt verläuft unter der Rüttenscheider Straße, kurz auch Rü genannt. **Rüttenscheid** ist ein beliebtes Wohn- und Geschäftsviertel mit zahlreichen Altbauten und der größten Gastronomiedichte in der Stadt. Zudem sind es vom Rüttenscheider Stern nur wenige Gehminuten bis zum Museum Folkwang, das jedoch wegen Umbaus erst im Januar 2010 wieder seine Pforten öffnet.

Die Fahrt der Kulturlinie endet wieder oberirdisch, genauer gesagt im südlichen Essener Stadtteil Bredeney. Zuvor haben wir zuvor noch den **Grugapark** (▸ Seite 62) passiert. An der Endhaltestelle haben wir noch die Möglichkeit zu einem Spaziergang oberhalb der Ruhrhöhen zur herrschaftlichen **Villa Hügel,** dem ehemaligen Wohnhaus der Familie Krupp (▸ Seite 58).

Essen Hbf.
Philharmonie/Saalbau
Rüttenscheider Stern
Martinstraße
Florastraße
Alfredusbad
Kruppallee
Frankenstraße
Bredeney

Rund um Bochum

Start
Ruhr-Universität
(U 35 ab Bochum Hbf.)

Spaziergang
Für Kinder geeignet

Dauer
ca. 2 Stunden

Botanischer Garten der Ruhr-Universität Bochum
Universitätsstraße 150
44780 Bochum
☎ (02 34) 32 23 09 8
www.ruhr-uni-bochum.de/boga
April-Sept. 9-18 Uhr,
sonst 9-16 Uhr.
Die Gewächshäuser schließen bereits um 17 Uhr bzw. 15.30 Uhr,
Eintritt frei

BOCHUM ▪ BOTANISCHER GARTEN

Zu Besuch bei Exoten

Er liegt etwas versteckt, der Botanische Garten in Bochum. Gerade deswegen ist er ein echter Geheimtipp für einen schönen Spaziergang.

Der **Botanische Garten** liegt im Bochumer Stadtteil Querenburg und gehört zur dortigen Ruhr-Universität. Letzteres verkompliziert die Anreise ein wenig. Ab der U-Bahn-Haltestelle gehen wir über die Fußgängerbrücke bis zum Audimax der Universität und von dort rechts in die G-Nordstraße. Auf dieser passieren wir drei Universitätsgebäude und folgen anschließend der Beschilderung bis zu einem kleinen und unscheinbaren Tor, hinter dem sich der lohnenswerte Garten verbirgt.

Nach Betreten der Anlage führt unser Weg zunächst leicht hinab in Richtung Lottental, zum Südteil des Botanischen Gartens. Er ist geprägt von einer geobotanischen Abteilung, in der europäische Biotope und verschiedene Vegetationsarten geschaffen wurden. Auf schmalen Holzbrücken führen Wege über Teiche. Die Pflanzen, die aus dem Gewässer ragen, dürften dem Besucher meist unbekannt sein, werden aber auf kleinen Hinweisschildern erklärt.

Über den Bereich Nutzpflanzen und Morphologie gelangen wir schließlich zu einem der Höhepunkte des Botanischen Gartens, dem **Chinesischen Garten.** Dieser befindet sich genau gegenüber der Abteilung Nordamerikanische Bäume, wo sogar riesige Mammutbäume stehen.

Der Chinesische Garten wurde 1986 als Zeichen der Freundschaft von der Tongji-Universität in Shanghai gestiftet. Er ist eine Ruheoase in einem ohnehin schon beschaulichen Pflanzengarten. Über kleine Pfade und verschiedene Brücken wandelt man an und über einem Karpfenteich, wo die Fische natürlich nicht fehlen dürfen und sich neugierig – und vielleicht auch etwas gierig – dem Besucher nähern, so nah es eben geht. Hübsche Mauerdurchlässe und Dekorati-

Holzbohlenstege führen durch den Botanischen Garten

onen im asiatischen Stil sowie die vorhandene Stille lassen für eine kurze Zeit vergessen, dass man sich mitten in Deutschland befindet.

Vom Chinesischen Garten geht es weiter an verschiedenen Waldvegetationen sowie an Taiga-, Dünen- und Heidelandschaften vorbei bis zu den öffentlichen **Gewächshäusern.**

Im Wüstenhaus warten zahlreiche Kakteen, die sich in den verschiedensten Variationen zeigen: klein wie Kieselsteine, mannshoch oder fast ganz ohne Stacheln. In einem benachbarten Gewächshaus geht es weniger trocken zu: Brillenträgern werden im Tropenhaus unmittelbar die Gläser beschlagen (Achtung, wer eine Kamera mit hat: Auch diese kann von innen beschlagen und sollte solange nicht benutzt werden!). Zu sehen gibt es dafür sehr viel Grün aus dem Bereich des tropischen Regenwaldes. Ein kleiner Bach inmitten von Lianen und tropischen Kräutern rundet das Bild der Tropenhalle ab.

Zu guter Letzt besuchen wir noch das Savannenhaus, in dem es wieder etwas trockener zugeht. Hier sind die Pflanzen Australiens und Südafrikas zu bestaunen. Nicht übersehen sollte man den kleinen Teich zwischen den drei Häusern, in dem sich die Blätter der Riesenseerose befinden, auch Victoriablätter genannt. Sie haben in der freien Natur eine Tragfähigkeit von bis zu 50 Kilogramm.

TOUR 28

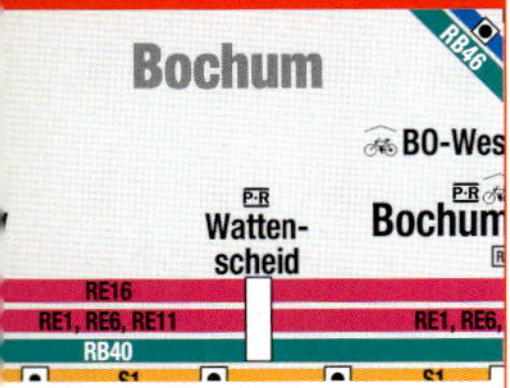

Start
Bochum Lennershof
(U 35 ab Bochum Hbf.)

(Rad-)Wanderung
Rund um den Kemna-
der See
Für Kinder geeignet

Länge
ca. 15 km

Ruhrtal-Therme
Freizeitbad Heveney
Querenburger Str. 35
58455 Witten
☎ (02 30 2) 56 26 3
www.kemnadersee.de
Mo-Sa 9-23 Uhr, sonst
9-21 Uhr

Ausflugsschiff
MS Kemnade
☎ (02 33 0) 80 20 47
www.personenschiff-
fahrt-meyer.de
Rundfahrt auf dem See
4,50 €

BOCHUM ▪ KEMNADER SEE

Von Bochum bis Gibraltar

Im Süden von Bochum liegt der Kemnader See, einer der sechs Ruhrstauseen zwischen Dortmund und Duisburg. Mit einer Wassertiefe von bis zu 2,40 Meter ist dieser Stausee recht flach und bietet zahlreiche Möglichkeiten der Freizeitgestaltung.

Der **Kemnader See** ist der jüngste Stausee im Ruhrgebiet und besteht seit 1979. Er ist zwar nur halb so groß wie der Baldeneysee in Essen, dennoch lohnt sich eine halbe oder ganze Umrundung, da es einiges zu sehen gibt. Empfehlenswert ist auch die Anfahrt mit dem Rad über den Ruhrtalradweg, der direkt am Kemnader See entlang führt.

Alle, die nicht über den Ruhrtalradweg anreisen, beginnen ihre Tour am U-Bahnhof Bochum-Lennershof. Über die Straße Im Westenfeld, dann links und sofort wieder rechts geht es zunächst zum Gelände der Fachhochschule, das wir rechts liegen lassen. Wir nehmen aber die Straße Auf dem Kalwes und kommen direkt an einer Brücke über den Oelbach heraus, der einige Meter weiter südlich in einen Zufluss des Kemnader Sees mündet.

Dem Oelbach auf der nördlichen Uferseite folgend, erreichen wir bald die **Wassersportstation Heveney.** Abenteuerlustige können sich im Hafen per Tretboot auf das kühle Nass wagen. Von hier kann man auch mit dem Fahrgastschiff „MS Kemnade" eine Rundfahrt auf dem See starten. Auf der Südseite des Oelbaches liegt das Freizeitbad Heveney mit der **Ruhrtaltherme.** Zwei 46 und 88 m lange Wasserrutschen münden in die Becken des Hallen- und Freibades. Whirlpool, Wassergrotten und Gegenstromanlage machen nicht nur Kindern Spaß.

Doch wir bleiben zunächst auf dem nördlichen Ufer, denn hier liegt die Schokoladenseite des Kemnader Sees. Über vier Kilometer zieht sich der Uferweg zwischen sanften Hügeln, einem Waldstreifen und dem See entlang. Unterwegs finden sich Picknick- und Grillplätze.

Nach drei Kilometern am See ist die ehemalige **Zeche Gibraltar** erreicht. Gibraltar ist eine der ältesten Zechen der Region und wurde bereits im Jahr 1925 stillgelegt. Bis dahin förderte man hier Steinkohle, und zwar schon seit 1786. In der Mitte des 19. Jahrhunderts wurden ca. 21 400 Tonnen Steinkohle von 123 Bergmännern gefördert. Noch heute ist der Zugang zum 2 km langen Stollen gut sichtbar und mit einem Schmiedetor verschlossen. Das Wappen der Bergleute, Schlägel und Eisen, ist an dem Tor gut zu sehen.

In der Zeit des Nationalsozialismus erlangte die Zeche traurige Berühmtheit, da auf dem Gelände, das auch als SA-Kaserne diente, Gewerkschafter und Sozialdemokraten gefangen gehalten wurden. Der Gemeindevorsteher des Ortes Querenburg starb hier schon 1933 durch Folter. Heute erinnert eine Gedenktafel an der Wand des heutigen Bootshauses an diese schrecklichen Tage. Dieses Bootshaus, das 1984 renoviert wurde und heute zum Sportinstitut der Ruhr Universität Bochum gehört, war einst das Hauptgebäude der Zechenanlage Gibraltar.

Gleich dahinter beginnt der Freizeitbereich

Musikinstrumentensammlung im Haus Kemnade
☎ (02 34) 79 79 42
www.fv-haus-kemnade.de
Mai-Okt.
Di-So 12-18 Uhr,
Nov.-Apr. 11-17 Uhr

Haus Herbede
Von Elverfeldt-Allee 12
58456 Witten-Herbede
☎ (02 30 2) 72 25 8
www.haus-herbede.de

Sonnenaufgang am Kemnader Stausee

Wasserschloss Haus Kemnade

Oveney. Auch hier lassen sich Tret- und Ruderboote ausleihen. Kurz darauf verengt sich der Kemnader See, und man gelangt über die Staumauer auf die Südseite der Ruhr. Dort wartet ganz in der Nähe noch **Haus Kemnade.** Das Wasserschloss gehört bereits zum Stadtgebiet von Hattingen. Das Besondere: im frühen Mittelalter stand das Anwesen noch nördlich der Ruhr, doch nur bis zum Hochwasser von 1486. Damals veränderte die Flutkatastrophe den Lauf der Ruhr so sehr, das der Fluss nun weiter nördlich verlief. Das Haus Kemnade stand von nun an südlich der Ruhr.

Im 17. Jahrhundert wurde der heutige Renaissancebau auf den Überresten des im Jahre 1589 abgebrannten Vorgängers errichtet und erweitert. Durch die Wall- und Grabenanlagen entstand der Eindruck einer Wasserburg. Der Name des Herrenhauses stammt wahrscheinlich vom Wort „Kemenate“ und steht dafür, dass es im Adelssitz mindestens einen gemauerten Kamin gab – ein Luxus, den die Häuser der einfachen Bauern nicht besaßen.

Heute beherbergt das Haus Kemnade in seinem sehenswerten Rittersaal Wandteppiche und eine Musikinstrumentensammlung.

In der Ferne sieht man auf einem Hügel am Rande des Ruhrtals die **Burg Blankenstein** mit ihrem markanten Burgturm. Nicht weit entfernt vom Ufer des Kemnader Sees besteht die Möglichkeit, die hübsche Dorfkirche im Bochumer Stadtteil Stiepel zu besichtigen. Entstanden ist diese im Jahr 1008 als kleine Saalkirche. Anlässlich des Jubiläums im Jahr 2008 gab die Deutsche Post sogar eine Sonderbriefmarke zum Thema **Stiepeler Dorfkirche** heraus. Im Inneren des Gotteshauses blickt man auf eine schöne, aber dezente Wand- und Deckenbemalung. Sehenswert sind auch die Grabsteine auf dem umliegenden Friedhof, die bis zu 400 Jahre alt sind.

In etwa 300 m Entfernung zum Haus Kemnade befindet sich ein Bahnhof der **Ruhrtalbahn,** die im Sommer freitags und sonntags als nostalgischer Schienenbus oder Dampfzug zwischen dem Eisenbahnmuseum Bochum-Dahlhausen und Hagen Hbf. verkehrt.

Ruhrtalbahn
(8 Seite109)
((0 18 01) 66 00 99 07 52
www.ruhrtalbahn.de

Wer nun statt der Museumsbahn weiter zu Fuß oder per Rad die Südseite des Sees erkunden will, hat zwei Möglichkeiten: Entweder weiter auf dem Uferweg, der allerdings bald neben der Autobahn verläuft. Oder durch den Ort **Herbede,** der zu Witten gehört. In jedem Fall kommt man nach ca. 4 Kilometern zum **Haus Herbede.** Der ehemalige Adelssitz wurde im 11. Jahrhundert erstmalig erwähnt und steht unter Denkmalschutz. In den 1980er Jahren erfolgte eine vollständige Renovierung. Heute wird das Gebäude für Kulturveranstaltungen genutzt. Im historischen Kreuzgewölbe befindet sich ein empfehlenswertes Restaurant.

Über die nahe Ruhrtalbrücke gelangt man wieder auf die nördliche Seite der Ruhr und, wieder vorbei am Freizeitgebiet Heveney, zurück zu unserem Ausgangspunkt in Bochum.

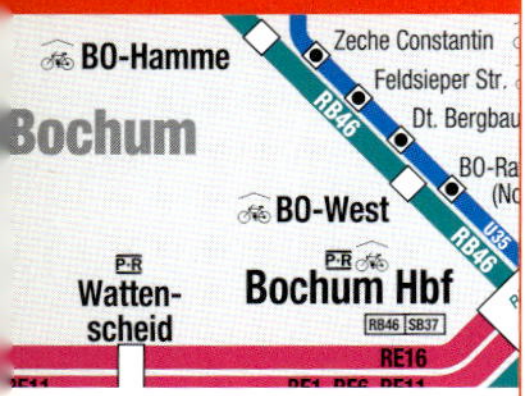

Start
Bhf Bochum-West (RB 46 alle 30-60 Min.) oder Haltestelle Jacob-Mayer-Str./Jahrhunderthalle (Straßenbahn 302 und 310 ab Bochum Hbf.)

Radtour
Auf der Erzbahntrasse
Für Kinder geeignet

Länge
10 km einfach

Rückfahrt
Bhf Gelsenkirchen-Zoo (RB 43 stündlich)
oder
Gelsenkirchen ZOOM Erlebniswelt (Straßenbahn 301)

BOCHUM ▪ ERZBAHNTRASSE

Über den Straßen muss die Freiheit wohl grenzenlos sein...

Kreuzungsfrei und ohne jeglichen Pkw-Verkehr gelangt man von der Bochumer Innenstadt bis nach Gelsenkirchen zum Rhein-Herne-Kanal, wo man bis zum Rhein weiter radeln könnte. Möglich macht dies die Trasse der ehemaligen Erzbahn.

Bei der **Erzbahntrasse** handelt es sich um eine alte Eisenbahnstrecke zur Versorgung der Zeche Carolinenglück sowie der Hochöfen des „Bochumer Vereins“, einer Gußstahlfabrik. Die Trasse entstand in den ersten drei Jahrzehnten des 20. Jahrhunderts und wurde genauso lange genutzt. Erst zu Beginn dieses Jahrtausends begann man damit, die zwischenzeitlich verfallene Strecke zu einem schönen und überaus praktischen Radweg umzubauen. Eine Herausforderung war hierbei aber wie schon vor einhundert Jahren die Überquerung diverser Verkehrswege, wie Eisenbahnstrecken und Autobahnen.

So passiert man nicht weniger als 18 Brücken auf der neun Kilometer langen Strecke, um das Nordufer des Rhein-Herne-Kanals zu erreichen. Dabei sind die Brückenbauwerke zum Teil spektakuläre und für manchen vielleicht sogar schwindelerregende Bauten.

Beginnen wir unsere Tour am **Bochumer Westpark**. Von der Alleestraße biegen wir in Höhe der **Jahrhunderthalle** in den Park ein und radeln rechts oder links an der Jahrhunderthalle vorbei – beide Wege treffen sich hinter der Veranstaltungshalle wieder. Die Jahrhunderthalle Bochum ist eine der Attraktionen des Ruhrgebiets, die auf der „Route der Industriekultur“ liegt. Bei dem 1902 errichteten Gebäude handelt es sich um eine ehemalige Gaskraftzentrale, die für die Hochöfen des „Bochumer Vereins“, gebaut wurde. Die Stahlkonstruktion ist besonders bemerkenswert, weil sie nicht in erster Linie nach ästhetischen Gesichtspunkten, sondern eher nach ingenieurtechnischen Überlegungen entworfen wurde, und damit eines der ersten Beispiele für eine rein zweckbestimmte Architektur darstellt.

Beim Zusammentreffen beider Wege hinter der Jahrhunderthalle passieren wir auch schon die erste Überführung. Die als **Erzbahnschwinge** bezeichnete Brücke führt uns aus dem Westpark wieder hinaus. Der Name des Bauwerks ist Programm: Sie ist einfach etwas mehr in Bewegung als eine herkömmliche Brücke. Beim Überqueren werden leichte Schwingungsbewegungen ausgelöst, was an der S-förmigen Form und der Anordnung der Brückenträger liegt.

Kurz darauf erscheint die nur leicht gebogene **Marbachbrücke**, die über den gleichnamigen Wasserlauf und über Bahngleise hinwegführt. An grünen Landschaften vorbei passieren wir als nächstes die Autobahn 40, wo alleine schon die Breite der Brücke erahnen lässt, dass hier in früheren Zeiten zwei Bahngleise entlang führten.

Im weiteren Verlauf radeln wir zuerst durch ein Industriegebiet und später wieder in grüner Landschaft, bevor wir die **Rote Brücke** passieren

Radeln auf der Erzbahntrasse

(links halten, nicht rechts unter der Brücke hindurch fahren). Ein weiteres imposantes Bauwerk ist schließlich die 400 Meter lange **Pfeilerbrücke**, die eigens für den Radweg gebaut wurde und uns in 12 Metern Höhe direkt neben den Baumwipfeln weiter nach Norden bringt. Wenig später treffen wir auf zwei Brücken, auf denen zur Erinnerung an die Erzbahn auf der linken Seite noch die Gleise im Bett gelassen wurden.

Zu guter Letzt kommen wir am Gelsenkirchener Hafen und in direkter Nachbarschaft zur **Zoom Erlebniswelt**, dem Gelsenkirchener Zoo (Seite 80) heraus. Hier können wir noch den Rhein-Herne-Kanal mit der ebenfalls geschwungenen und im Jahr 2008 fertig gestellten Brücke überwinden.

Tipp für einen Abstecher während der Tour: wenn wir die Günnigfelder Straße bei Bochum-Hordel passieren, lohnt im Sommerhalbjahr ein Schlenker nach rechts zum **Westfälischen Industriemuseum Zeche Hannover**. Hier wurde noch bis zum Jahr 1973 Kohle gefördert – Hannover war das letzte Bergwerk Bochums, das seine Pforten schloss. Seit 1995 ist dieses Denkmal der Industriegeschichte für Besucher zugänglich. Wie eine mittelalterliche Burg ragt der Förder-

Eine von vielen Brücken an der Trasse : Die Erzbahnschwinge

turm der Zeche Hannover in den Himmel des Bochumer Nordens. Schon die Zeitgenossen waren beeindruckt von der trutzigen Architektur. Prachtstück im Innern der Maschinenhalle ist die Dampffördermaschine aus dem Jahr 1893. Es ist das älteste Exemplar, das im Ruhrgebiet an einem Originalstandort erhalten blieb. Bei Schauvorführungen wird der Technik-Dinosaurier in Bewegung gesetzt.

Jahrhunderthalle in Bochum

Eine Atmosphäre harter Arbeit prägt das Innere des mächtigen Malakowturms. Hier fuhren die Bergleute in den 750 Metern tiefen Schacht ein, hier kam die Kohle aus der Tiefe zu Tage.

Wechselnde Ausstellungen und Veranstaltungen ergänzen das Angebot auf Zeche Hannover. Für junge Besucher gibt es die „Zeche Knirps". Dort können Jungen und Mädchen in die Rolle des Bergmanns schlüpfen und die Arbeitsschritte selbst erleben. Mit Helm und typischer Bergmannskluft ausgerüstet lernen sie auf Zeche Knirps spielerisch den Betriebsablauf in einer Zeche kennen. Teamwork ist dabei vorausgesetzt, denn auch der Betrieb im Kinderbergwerk kann nur Hand in Hand verlaufen.

Jahrhunderthalle Bochum
An der Jahrhunderthalle 1
44793 Bochum
Veranstaltungsort und Festspielhaus, Infos zu laufenden Veranstaltungen unter
☎ (02 34) 36 9 30,
www.jahrhunderthalle-bochum.de.

LWL-Industriemuseum Zeche Hannover
Günnigfelder Straße 251
44793 Bochum
☎ (02 34) 61 00-874
April bis Oktober
Mi-Sa 14-18 Uhr
So/Fei 11-18 Uhr
Eintritt frei

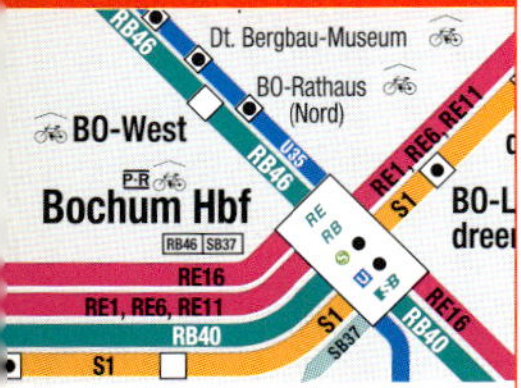

Start
Bochum Hbf.
und 20 Min. zu Fuß durch die Einkaufszone oder mit den Buslinien 353, 354, 335 und 394 bis Kunstmuseum

Spaziergang
Für Kinder geeignet

Dauer
ca. 1,5 Stunden (ohne Tierpark)

Bismarckturm
mitten im Stadtpark
Di-So 10-19 Uhr
Eintritt frei

Tierpark Bochum
Klinikstr. 49
44791 Bochum
☎ (02 34) 95 02 97 0
www.tierpark-bochum.de
Apr.-Sept. 9-19 Uhr
März und Okt. 9-18 Uhr
Nov.-Febr. 9-16.30 Uhr
Erw. 5 €, Kinder 2 €
Hunde erlaubt

BOCHUM ▪ STADTPARK

Central Park of Bochum

Nicht selten überrascht das Ruhrgebiet damit, dass mitten im Zentrum einer Stadt etwas existiert, das man eher an der Peripherie erwartet. In diesem Fall handelt es sich um eine Grünanlage nahe der Bochumer Innenstadt, die nicht nur groß ist, sondern auch gut und schnell erreichbar: der Stadtpark.

Eine der Haupteinkaufsstraßen Bochums, die Kortumstraße, reicht in nördlicher Richtung bis an den Bochumer Stadtpark heran. Man erreicht ihn nach Unterquerung einer Eisenbahnbrücke und einem zehnminütigen Spaziergang ab dem „City Point". Direkt am Stadtpark befindet sich auch das **Bochumer Kunstmuseum.** In einer alten Villa und einem Neubau können Kunstwerke des 20. Jahrhunderts bewundert werden, unter anderem von Robert Matta und Francis Bacon.

Im **Stadtpark** trifft man gleich auf einen kleinen See. In der Nähe steht der Bismarckturm, der im Jahr 1910 zu Ehren des Reichskanzlers Otto von Bismarck eröffnet wurde. Das 34 m hohe Bauwerk verfügte zunächst über ein Leuchtfeuer, das alljährlich zu Bismarcks Geburtstag in einer großen Schale auf dem Turm angezündet wurde. Doch schon in den 1920er Jahren nahm man die Schale wieder ab und stellte sie hinter dem Bismarckturm auf, wo sie noch heute zu sehen ist.

Im Inneren sind auf drei Etagen Dauerausstellungen zum Bismarckturm, zu Baudenkmälern in der Umgebung und zum Thema Umwelt untergebracht. Höhepunkt des Bismarckturms: natürlich ganz oben. Nach der Erklimmung von genau 150 Stufen erreicht man das Dach und hat von dort einen herrlichen Rundblick bis Essen und Dortmund. Zum Greifen nahe scheint auch die grün leuchtende Zeche, die wir später noch besichtigen können.

Im **Tierpark** am Fuße des Turms kann man sich wie im tropischen Regenwald fühlen, wenn die Totenkopfäffchen um die Wette kreischen.

Im Bochumer Stadtpark

Über dreihundert verschiedene Tierarten, von Pinguinen bis zum Steppenadler, sind im Tierpark beheimatet, der direkt an den Stadtpark angrenzt.

Im Stadtpark geht es in nördlicher Richtung weiter, wobei man am großen Entensee vorbeiläuft und über eine kleine Brücke noch einen schönen Wasserfall passiert. Sehenswert hier ist die kleine Frosch-Statue mit dem Namen Fridolin. Hinter dem Wasserfall geht es ein wenig bergauf zu einem beliebten Kinderspielplatz.

Wer nach diesen Erlebnissen im Grünen noch nicht genug hat, der kann anschließend nur zwei Straßen weiter einen Ausflug unter Tage machen. Die bereits vom Bismarckturm sichtbare Förderanlage der ehemaligen **Zeche Germania** wurde Mitte der 1970er Jahre von Dortmund nach Essen umgesetzt und zeigt schon von Weitem die Lage des dazugehörigen Deutschen Bergbaumuseums an. Es zählt zu den bedeutendsten Bergbaumuseen der Welt und ist außerdem noch eines der meistbesuchten Museen Deutschlands. Auf rund 12 000 Quadratmetern kann man der Geschichte des Ruhrgebietsbergbaus auf den Grund gehen und in ca. 20 Meter Tiefe ein Stollensystem unter der Erde besichtigen. 2010, wenn die „Metropole Ruhr" Kulturhauptstadt Europas ist, wird hier das größte von fünf kulturtouristischen Besucherzentren sein.

Orangerie im Stadtpark
Klinikstr. 41-43
44791 Bochum
☎ (02 34) 50 70 90
www.stadtpark-gastronomie.de
Di-Sa 11.30-14.30 Uhr, So Vormittag Brunch
Terrasse mit Blick in den Stadtpark

Bergbaumuseum Bochum
Am Bergbaumuseum 28
44791 Bochum
☎ (02 34) 58 77 0
www.bergbau-museum.de
Di-Fr 8.30-17, am Wochenende 10-17 Uhr, Erw. 6,50 €, Kinder 3 €, inkl. Fahrt auf den Förderturm.

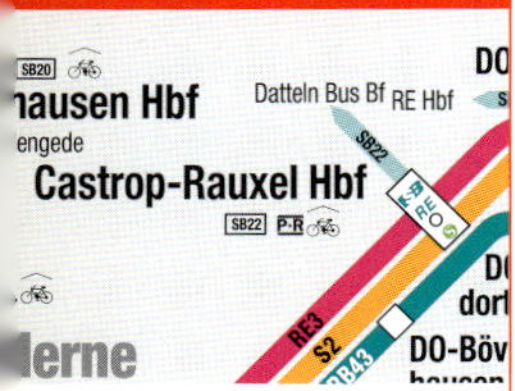

Start
Castrop-Rauxel Hbf.
(2 km bis Schloss Bladenhorst)
Alternativ direkt zum Gysenbergpark von Herne Hbf. mit Bus 321, alle 30 Min.

(Rad-)Wanderung
Für Kinder geeignet

Länge
9 km

Rückfahrt
Bhf. Herne-Börnig
(RB 33 stündlich)

Schloss Bladenhorst
Westring 346
44579 Castrop-Rauxel
www.schlossbladen-horst.de

Badelandschaft LAGO
Am Revierpark 40
44627 Herne
☎ (02 32 3) 96 90
www.gysenberg.de
Schwimmbad
So-Do 8-23, Fr 8-24,
Sa 8-21 Uhr
(von 21-0 Uhr textilfreies Baden)
Verschiedene Tarife, abhängig von der Badezeit und den Angeboten

HERNE ▪ GYSENBERGPARK

Vom Bladenhorst zum Badepark

Der Gysenbergpark mit seiner großartigen Badelandschaft ist mit dem Fahrrad über verkehrsarme Straßen gut zu erreichen. Zuvor schauen wir uns noch Schloss Bladenhorst an. Radler aus dem Norden des Ruhrgebietes reisen einfach über den Radweg am Rhein-Herne-Kanal an.

Im Castrop-Rauxeler Stadtteil **Bladenhorst** steht ein Wasserschloss gleichen Namens, das sich in Privatbesitz befindet. Nur manchmal öffnen sich seine Tore im Rahmen von Veranstaltungen, z. B. zum Tag des Denkmals im September. Erstmalige Erwähnung fand das Schloss bereits Mitte des 13. Jahrhunderts. Nachdem mehrere Adelsgeschlechter im Laufe der Jahrhunderte darin lebten, hat vor wenigen Jahren ein Investor aus Dortmund das Spätrenaissanceschloss erworben.

Um **Schloss Bladenhorst** von Castrop-Rauxel Hbf. zu erreichen, nehmen wir die Victorstraße gegenüber dem Bahnhofsvorplatz bis zum Westring, dem wir rechts bis zum Schloss folgen.

Nach einer kurzen Fahrt am Waldrand und der Überquerung der Schlossbrücke treffen wir zunächst auf das Torhaus, den ältesten Teil des massiven Bauwerkes. Das eigentliche Schloss liegt hinter einem weiteren Wassergraben, über den eine hübsche efeuberankte Brücke führt.

Um zum **Gysenbergpark** in Herne zu gelangen, fahren wir vom Schloss aus zunächst wieder ein Stück zurück auf dem Westring. Nach dem Überqueren der Bahngleise biegen wir rechts ab und folgen der Holthauser Straße, bis wir eine Autobahn und erneut Bahngleise überqueren. Die Straße heißt nun Bruchstraße. Das Gelände links und rechts des Weges gehört zum Landschaftspark Bladenhorst, der insgesamt 500 ha groß ist. Neben dem Castroper Holz umfasst er auch den ehemaligen Freizeitpark Bladenhorst und den

Kunstwald Teutoburgia, der sich rechts von der Bruchstraße auf dem Gelände der ehemaligen Zeche gleichen Namens befindet.

Beim Abzweig zur Bladenhorster Straße halten wir uns halbrechts und radeln durch die ruhige Wohnsiedlung. Trotz weiterer Namensänderungen in Börsingerhauser und Friedhofstraße bleiben wir geradeaus und radeln durch Grünanlagen am Friedhof entlang. Hinter dem Bauernhof biegen wir rechts in die Lange Straße ab. Am Ende kurz rechts, dann wieder links und die erste rechts (Am Ruhmbach), schon stehen wir vor dem Freizeitbad Gysenbergpark, auch als **Therme LAGO** bezeichnet. Mehrere große Außenbecken, eine Wasserrutsche und ein überdachtes Wellenbad sind die Hauptattraktionen des Spaßbades. Daneben gibt es noch Saunen und Solebäder.

Doch der Gysenbergpark besteht nicht nur aus einem Freizeitbad. Hinter der Schwimmanlage lockt noch ein Wald, durch den man spazieren kann. Zudem sind dort zwei kleinere Seen zu finden, an denen ein Tiergehege, eine Anlage zum Bogenschießen und eine Minigolfanlage liegen. Eine weitere Minigolfanlage befindet sich im Familienpark „Start und Ziel" in der Nähe des Eingangs zur Therme. Dort kann man zudem Gokart fahren, einen Kletterturm besteigen oder sich mit kleineren Fahrgeschäften herumwirbeln lassen. Vom Gysenbergpark aus führt ein Radweg nach Norden in Richtung des 2 km entfernten Bahnhofs Herne-Börnig.

Therme LAGO im Gysenbergpark

TOUR 32

Start
Bhf. Haltern am See

(Rad-)Wanderung
Badetour
Für Kinder geeignet

Länge
Vom Bahnhof bis zum Halterner See ca. 2,5 km; vom Bahnhof zum ca. 10 km entfernten Silbersee fährt ca. einmal stündlich Bus 273

HALTERN AM SEE

Badespaß hoch zwei

Wenn der Name einer Ortschaft schon mit „am See“ endet, dann kann das eigentlich nur ein gutes Zeichen für vielfältige Freizeitaktivitäten sein. Die Stadt Haltern am See im Naturpark Hohe Mark hat gleich mehrere Seen zu bieten: östlich den bekannten Halterner See, im Norden die Silberseenkette.

Die Stadt **Haltern am See** gehört gar nicht zum Ruhrgebiet, sondern zum Münsterland. Sie liegt idyllisch an der Lippe und zwischen Waldgebieten und ist frei von Industrieanlagen. Auch zu Zeiten der Römer war Haltern schon einer der wichtigsten Römerstützpunkte in Westfalen. Wer sich dafür interessiert, kann das LWL-Römermuseum in der Weseler Straße besichtigen. Dort werden die bedeutendsten Funde aus allen Römerlagern an der Lippe ausgestellt.

Ansonsten bietet es sich an, vor einer Tour zum See zunächst einen Abstecher in die Altstadt von Haltern zu machen, um ein bisschen Kultur zu schnuppern.

Im historischen Stadtkern rund um den Markt stehen das Alte Rathaus und die St. Sixtus Kirche. Das Alte Rathaus stammt aus den Jahren 1575–1577, überdauerte den Zweiten Weltkrieg allerdings nicht unbeschadet. Von 1948-1952 wurde es vereinfacht wieder aufgebaut. Im Ratssaal des heutigen zweigeschossigen Putzbaus mit den Spitzbogenarkaden finden kulturelle Veranstaltungen statt. Im Erdgeschoss hat die Stadtagentur Haltern ihre Räume.

Die Stadtkirche St. Sixtus aus rotem Backstein ist eine neugotische dreischiffige Hallenkirche aus dem Jahre 1879. Sie wurde damals an der Stelle der alten romanischen Stadtkirche aus dem 12. Jahrhundert erbaut. In ihrem Inneren gibt es einige interessante Kunstgegenstände zu betrachten, darunter das Antwerpener Rentabel aus dem 16. Jahrhundert und ein Gabelkreuz rheinischen Ursprungs aus der erstem Hälfte des 14. Jahrhunderts. Der Legende nach wurde es von Halterner Bürgern im Fluss Lippe gefunden, wo es gegen den Strom geschwommen sein soll.

In der Nähe des alten Marktplatzes ragt neben dem Turm von St. Sixtus noch ein anderes Gebäude aus dem Dächermeer heraus: der Siebenteufelsturm. Der mit Ziegeln bedeckte Rundturm

Abendstimmung am Halterner See

LWL-Römermuseum
Weseler Straße 100
45721 Haltern am See
☎ (02364) 9376-0
Di-Fr 9-17 Uhr
Sa/So 10-18 Uhr
Erw. 3 €, Kinder 1,50 €
Familie 7 €

stammt aus dem Jahr 1502 und ist der letzte steinerne Zeuge der alten Stadtbefestigung, die im 18. Jahrhundert abgetragen wurde.

Um zum Halterner See zu gelangen, verlassen wir die Altstadt in östlicher Richtung. Der **Halterner See,** der durch die Stauung des kleinen Flusses Stever entstanden ist, dient zwar in erster Linie der Trinkwasserversorgung der Region. Doch dank der besonderen Entnahme des Wassers ist im Halterner See das Baden, Surfen und Tretboot fahren erlaubt. Entstanden ist der Stausee durch Vertiefung und Verbreiterung der Fläche des Flusses Stever, weshalb er auch offziel „Stevertalsperre Haltern" heißt.

Am Südufer finden wir ein beliebtes Freizeitbad mit eigenem Sandstrand, der Urlaubsgefühle aufkommen lässt. Auf dem 1 Kilometer langen Strandabschnitt kann es an heißen Sommertagen auch voll werden. Hier bieten sich Plätze für Beachvolleyball sowie ein großer Spielplatz an. Selbst an typische Strandkörbe, die man sonst nur von der Küste kennt, hat man gedacht. Über das gesamte Geschehen wachen die Rettungsschwimmer der Deutschen Lebensrettungsgesellschaft.

Am Silbersee II

Mitten im Gewässer liegt die Overrathsche

Insel. Sie darf jedoch zum Schutz der dortigen Flora und Fauna, besonders der Vogelwelt, nicht betreten werden.

Wer es lieber ruhiger mag als am Seebad, der kann im Osten des Sees der Stever folgen und durch einen Teil des Naturparks Hohe Mark am Fluss entlang spazieren, bis er nach knapp einem Kilometer an der nächsten Staumauer herauskommt. Schon dort wird die Stever gestaut und bildet noch vor dem Halterner See den Hullerner See. Dieser ist nicht für Badegäste gedacht, sondern nur zur Wassergewinnung.

Zehn Kilometer außerhalb von Haltern findet man die **Silberseen.** Dort wurde im letzten Jahrhundert – und teilweise noch heute – Quarzsand abgebaut. Daraus sind vier kleinere Seen mit der durchnummerierten Bezeichnung Silbersee I bis IV entstanden. Silbersee I wurde bis 2004 als Badesee genutzt, er war allerdings nicht als solcher zugelassen, da gleichzeitig Quarzsand gewonnen wurde. Das führte zu Konflikten, so dass das Baden hier heute leider nicht möglich ist. Baden kann man aber am Silbersee II mit seinem 800 Meter langen Sandstrand, und das ohne Eintritt zu bezahlen. Seit 2008 ist auch das Surfen hier erlaubt. Außerdem gibt es eine Tauchschule und gastronomische Einrichtungen.

Interessant ist auch der fünf Kilometer lange Rundgang um Silbersee III, der mit mehreren Rastplätzen und Aussichtspunkten aufwarten kann. Jedoch ist hier, wie auch an den Seen I und IV, das Baden nicht erlaubt: Silbersee III ist ein ausgewiesenes Naturschutzgebiet. Nicht weit entfernt befindet sich übrigens der 64 Meter hohe Vogelsberg.

Seebad Haltern
Hullerner Str. 52
45721 Haltern am See
✆ (02 36 4) 25 39
www.seebad-haltern.de
Mitte Mai-Mitte Sept.
Mo-Fr 10-19 Uhr, Sa und So 9-19 Uhr
Tageskarte
Erw. 3,50 €,
Kinder 2,50 €,
Familienkarte 10 €

Bootsverleih Meilenbrock
(Ostufer Halterner Stausee)
Stockwieser Damm 275
45721 Haltern
✆ (02 36 4) 36 06
von März-Okt.

Bootsverleih Niehues
Aalweg 11
45721, Haltern-Hullern
✆ (02 36 4) 14 09 5
Apr.-Okt.
an der Staumauer vom Hullerner See

Start
Witten Hbf.

(Rad-)Wanderung
Industriekultur

Entfernungen
Witten Bhf. – Feldbahnmuseum – Zeche Nachtigall – Witten Bhf. 5 km

Bergbaurundweg ab Zeche Nachtigall ca. 9 km

Witten Bhf. – Hohenstein 2 km einfach

WITTEN ▪ MUTTENTAL

Die ältesten Kohlenfunde im Revier

Bei Witten fließt die Ruhr zunächst nach Norden, dann gen Westen und knickt schließlich in südliche Richtung ab. Dabei umschließt der Fluss den Wittener Stadtteil Bommern und das benachbarte Muttental, Ziel unseres heutigen Ausflugs.

Vom Bahnhof Witten folgen wir der Bergerstraße nach Osten, biegen rechts in die Ruhrstraße ein und stehen nach gut einem einem Kilometer auch schon an der Ruhr. Dort überqueren wir die Brücke, die uns zum Südufer und zur Nachtigallstraße bringt. Rechterhand, also westlich gelangen wir schon nach wenigen Metern ins Grüne – und zu einem großen Parkplatz mit Haltepunkt für die Grubenbahn. Hier beginnt unsere eigentliche Tour ins Muttental.

Das **Muttental** gilt als der erste Fundort der Kohle im heutigen Ruhrgebiet. Schon zu Beginn des 16. Jahrhunderts begann man hier mit der Förderung des „schwarzen Goldes“. Heute ist das Muttental renaturiert. Von der industriellen Vergangenheit ist kaum noch etwas zu sehen, abgesehen von den beiden Zechengeländen, in denen heute Museen eingerichtet sind.

Auf der Nachtigallstraße erreicht man nach wenigen Hundert Metern in westlicher Richtung schnell die **Zeche Theresia**, in der das Gruben- und Feldbahnmuseum untergebracht ist. Rund 90 Lokomotiven und 200 Waggons, die einstmals unter Tage fuhren, können seit 1989 in dem Museum besichtigt werden. Der Zechenbetrieb wurde schon über einhundert Jahre zuvor eingestellt.

Gruben- und Feldbahnmuseum Zeche Theresia
Nachtigallstr. 27-33
58452 Witten-Bommern
☎ (02 30 2) 20 24 79 1

LWL Industriemuseum Zeche Nachtigall
Nachtigallstr. 35
58452 Witten-Bommern
☎ (02 30 2) 93 66 40
www.zeche-nachtigall.de
Di-So 10-18 Uhr
Erw. 2,40 €,
Kinder 1,50 €, Familien 5,80 €.

Von der Zeche Theresia geht es weiter am Fluss entlang bis zur **Zeche Nachtigall**. Diese gilt als die älteste Tiefbauzeche an der Ruhr und war bereits in der ersten Hälfte des 18. Jahrhunderts in Betrieb. Ihre Stilllegung liegt auch schon bereits über ein Jahrhundert zurück. Heute ist sie

Teil des Westfälischen Industriemuseums und lädt zu einer Führung durch die Zechenanlage ein. Ausgerüstet mit Helm und Grubenlampe gelangt man dabei im Besucherbergwerk durch niedrige Gänge zu einem echten Steinkohleflöz. Dabei erlebt man die Atmosphäre eines historischen Abbaubetriebes unter Tage.

Im historischen Maschinenhaus der Zeche kann man auf eine audiovisuelle Reise durch das Ruhrtal in der Zeit der Industrialisierung gehen und dabei auch eine der ältesten Fördermaschinen des Ruhrreviers (1887) in Funktion erleben.

Weitere – verschlossene – Stolleneingänge befinden sich schließlich auf einem **Bergbauwanderweg**, der gut beschildert ist und von der Zeche Nachtigall aus etwas abseits der Ruhr durch das dortige Naherholungsgebiet führt. Zu sehen sind dort neben den Stolleneingängen verschiedene Schächte, ein Flözaufschluss sowie ein Gedenkstein für verunglückte Bergleute.

Am Ende des Rundweges kommen wir wieder an der Zeche Nachtigall heraus. Dort können wir entweder die gleichnamige Brücke nutzen, um auf der anderen Ruhrseite ins Zentrum von Witten zu gelangen.

Wer jetzt noch nicht müde ist, dem sei ein

Blick über das Ruhrtal bei Witten

Die Zeche Nachtigall liegt im grünen Muttental

Abstecher zum **Ruhrviadukt Witten** und dem Aussichtspunkt **Hohenstein** empfohlen. Dafür gehen wir zur Brücke an der Ruhrstraße zurück, überqueren diese und biegen am Stadtpark nach rechts ab. Nach kurzer Zeit kommt man ins Naherholungsgebiet Hohenstein mit dem Aussichtsplateau. Von hier hat man einen wunderschönen Panoramablick auf die Ruhr und den Viadukt.

Der Ruhr-Viadukt ist eine mit Naturstein verkleidete Eisenbahnbrücke mit immerhin 20 Bögen, deren Äußeres der Landschaft angepasst wurde. Auf dem 800 m langen Bauwerk verläuft die Strecke Witten – Hagen, allerdings verkehren hier fast nur noch Güterzüge. Am nördlichen Brückenkopf ragt eine steile Felswand in die Höhe – bis zu dem Plateau, auf dem sich die Grünanlage Hohenstein befindet.

Am Rande des Plateaus, auf dem wir ja gerade stehen, erhebt sich das Berger-Denkmal. Es wurde zum Gedenken an den Wittener Ehrenbürger Louis Constans Berger erbaut, der sich um die Eisenbahnverbindungen der Stadt verdient gemacht hat. Von diesem 21 Meter hohen Turm, der bestiegen werden kann, hat man einen wunderbaren Blick in das Ruhrtal und auf die Bogenbrücke vor dem Stadtteil Bommern.

Schloss Steinhausen
Auf Steinhausen 30
☎ (02 30 2) 39 99 90
58452 Witten-Bommern
www.schloss-steinhausen.de
Restaurant mit Biergarten in Schloss oberhalb der Zeche Theresia

Haus Rauendahl
Rauendahlstr. 126
☎ (02 30 2) 30 28 7
58452 Witten-Bommern
Bürgerliche Küche in unmittelbarer Nähe zum Bergbaurundwanderweg, mit Biergarten und Spielplatz

MUTTENTHALBAHN

Die Grubenbahn fährt vom Bahnsteig am Parkplatz Nachtigallstraße zum Feldbahnmuseum und zur Zeche Nachtigall. Die Schmalspurbahn verkehrt an Sommersonntagen und verschiedenen Feiertagen.

Muttenthalbahn
www.muttenthal-bahn.de
März-Okt. jeden 2. So und feiertags
Tagesfahrkarten Erw. 4 €.,
Kinder 1,50 €,
Familen 7,50 €.

Grubenbahn „Muttenthalbahn"

RUHRTALBAHN

Die Ruhrtalbahn ist eine touristische Bahnstrecke mit mehreren Linienverbindungen und bietet die Möglichkeit, die landschaftlich schönsten Ecken des Ruhrgebietes mit einer nostalgischen Eisenbahn kennen zu lernen. Linie R(uhrtal) bedient die Strecke zwischen Bochum und Hagen.
Seit 2009 fährt auch ein Schienenbus mit dem Namen **„Zechenexpress"** durch das Muttental. Er startet in Bochum-Dahlhausen und passiert die Zeche Nachtigall und Witten-Bommern, bis er die Zeche Zollern in Dortmund erreicht.

Zechenexpress
✆ (01 80 1) 66 00 99 07 52
www.ruhrtalbahn.de
März-Okt.,
jeden 4. Sa/Monat
jeweils 2 Fahrten ab Witten-Bommern
(8.48 und 13.53 Uhr)

„Zechenexpress" der Ruhrtalbahn

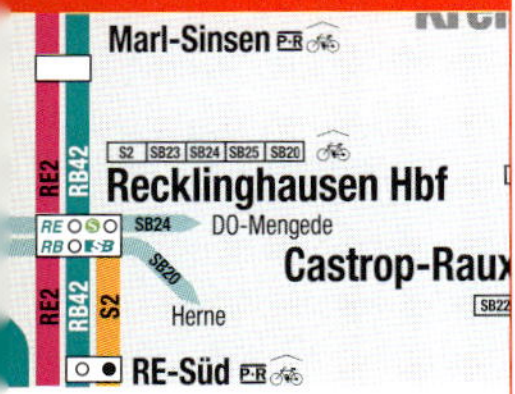

Start
Schloss Herten
Bus 249 ab Recklinghausen Hbf., alle 15 Min.

Spaziergang oder Radtour
Schloss Herten - Westerholt

Länge
3,5-5 km einfach (von Schloss Herten nach Westerholt)

Rückfahrt
Westerholt Schlossstraße
Schnellbus 23 bis Recklinghausen Hbf., 2x stündlich

HERTEN ▪ WASSERSCHLOSS & WESTERHOLT

Auf Schlössertour

Naturfreunde werden ihre Freude haben bei einem Gang durch den Schlosspark von Herten. Anschließend kann dieser durch das „Alte Dorf" am Westerholter Schloss fortgeführt werden.

Mitten in einem englischen Landschaftsgarten liegt das hübsche **Wasserschloss Herten** aus Ziegelstein. Es stammt aus dem 16. Jahrhundert und hat seit seiner Fertigstellung zahlreiche Höhen und Tiefen erlebt. 1678 wurde das Schloss durch einen Brand schwer zerstört. Der Wiederaufbau im heute sichtbaren Stil des Barock dauerte bis 1702. Aus dieser Zeit datiert auch das große Tor an der Westseite des Schlosses. Seine aufwendig gestalteten Ornamente erzählen die Geschichte des Schlosses. Die war damit aber natürlich noch nicht zu Ende. Anfang des 20. Jahrhunderts zeigte die ehemals strahlend herausgeputzte Anlage schon wieder Verfallserscheinungen. Der Wegzug der Bewohner um 1920 tat sein Übriges, genauso wie Folgeerscheinungen des Bergbaus: Bodensenkungen ließen das Schloss beinahe einstürzen. Nachdem es 1962 unter Denkmalschutz gestellt wurde, erfolgten 5 Jahre später Sicherungsmaßnahmen des Gebäudes. Aber erst in den 1970er Jahren, als es vom Landschaftsverband Westfalen-Lippe erworben und restauriert wurde, brachen für Schloss Herten wieder blühende Zeiten an. Heute zählt es zu den schönsten Baudenkmälern des Bundeslandes Nordrhein-Westfalen.

Etwas überrascht ist man allerdings, wenn man am Eingang zum Schlosspark steht und die Parkplätze sieht, die zum Hertener Krankenhaus gehören, das sich auf der anderen Seite der Straße Im Schloßpark befindet. Hinweisschilder verraten uns, dass das Schloss selbst Sitz des Sporttherapiezentrums des Hospitals ist. Daneben beherbergt es auch den Hertener Ortsverein des Naturschutzbundes (NABU). Nach Voranmeldung

Wasserschloss Herten
Resser Weg
45699 Herten
Schlossgarten hat tägl. geöffnet

Schlosscafé
Schlosspark
45699 Herten
☎ (02 33 6) 82 11 2,
Di-So 9.15-19 Uhr
Im Schlossflügel, im Sommer Tische auf der Holzbrücke über dem Burggraben, hausgemachte Obstkuchen.

kann man an Führungen durch das Schloss und den Schlossgarten teilnehmen. So gibt es zum Beispiel Entdeckungstouren und vogelkundliche Wanderungen oder Nachtwanderungen zu den ansässigen Fledermäusen im Schlosspark. Zudem betreut der Naturschutzbund die in der Nähe liegenden Streuobstwiesen.

Der zum Teil barocke **Schlosspark** erstreckt sich hinter dem Schloss, das aus Hauptburg und Vorburg besteht. Der Nordrand des Parks mit seinen schmalen Wegen beherbergt zahlreiche Baumarten, die in der Region nicht beheimatet sind. Hinweisschilder verraten dem Laien nicht nur den Namen, sondern auch das Alter des Baumes. Zwischen den Platanenalleen steht noch ein weiteres Ziegelbauwerk, die Ruine der früheren Orangerie. Über verschlungene Pfade gelangt man wieder zum Schloss zurück, aber keine Sorge: Verlaufen ist unmöglich.

Wasserschloss Herten

Zum nächsten Schloss weiter zu Fuß oder per Rad:

Am Resser Weg und der Hertener Straße entlang gelangt man nach 3,5 km bequem in den Hertener Vorort Westerholt. Alternativ führen auch Wander- und Radwege südlich des Straßenzugs nach Westerholt (ca. 5 km).

In der verwinkelten und idyllischen Siedlung des alten Dorfes **Westerholt** fühlt man sich wie ins Mittelalter zurück versetzt. In engen Gassen stehen aneinandergeschmiegt fast 60 gut erhaltene Fachwerkhäuser. Zahlreiche Inschriften in

Naturschutzbund Deutschland (NABU) e.V.
Ausstellung im Schlossgewölbe,
So 13-18 Uhr
www.nabu-herten.de

Schloss Westerholt
Schlossstraße 1
45701 Herten-Westerholt
Besichtigung nur von außen möglich

Fachwerkgasse in Herten-Westerholt

den Holzbalken der schwarz-weißen Häuser zeigen das Alter der Gebäude an, von denen manche noch aus dem 17. Jahrhundert stammen. Mitten im 6,5 Hektar großen Alten Dorf steht die kleine Pfarrkirche St. Martini an der Straße Freiheit. Das Gotteshaus stammt sogar aus dem Jahr 1310 und war eines der ersten Bauwerke in der Siedlung, die ursprünglich von Wällen umgeben war. Zum Dorf gehört auch das Schloss Westerholt, das zwar nicht ganz so herrschaftlich ist wie das Schloss Herten, aber sich schön in das Gebäudeensemble des Alten Dorfes einfügt.

Das **Alte Dorf Westerholt** entstand durch die Ansiedlung von Bediensteten und Handwerkern rund um die damalige Burg Westerholt. Zum Schutz der Bewohner gab es nur drei Pforten, durch die man die Siedlung betreten konnte. Im Jahre 1421 wurde erstmals von der „Freiheit Westerholt" gesprochen. Das bedeutete, dass die Bewohner dieses Dorfes keine Leibeigenen waren, sondern persönliche Freiheit besaßen – etwas, das in der damaligen Zeit keineswegs selbstverständlich war. Außerdem besaßen sie ihre eigene Verwaltung. Heute erinnert die Straße Freiheit, Hauptstraße der Siedlung, noch daran.

Gasthof Altes Dorf
Schlossstraße 15
45701 Herten-Westerholt
☎ (02 09) 61 36 43
www.altes-dorf.de
Tägl. außer Do
12-14.30 Uhr und
17-22.30 Uhr

Das Alte Dorf steht seit 1991 komplett unter Denkmalschutz. Das das so ist und wir den historischen Kern von Westerholt in diesem ursprünglichen Zustand vor uns sehen können, ist dem Engagement der Westerholter Bürger zu verdanken. In den 1960er Jahren sollte das Alte Dorf nämlich abgerissen werden, um an seiner Stelle die damals im Ruhrgebiet modernen Betonzweckbauten zu errichten. So etwas wollten die Eigentümer der schmucken Häuschen aber nicht mit sich machen lassen. Großer Einsatz war nötig, um sich den Stadtplanern entgegenzustellen. Aber er hat sich schließlich gelohnt.

1975 wurde Westerholt während der nordrhein-westfälischen Gebietsreform der Stadt Herten zugeschlagen. Diese setzte sich aus eigenem Interesse – die historische Altstadt Herten ging durch die gleichen Bausünden verloren – dafür ein, dass das Alte Dorf Westerholt mit dem Schloss unter Denkmalschutz gestellt wurde.

Das **Wasserschloss Westerholt** am Rande des Westerholter Waldes wurde nach einem Brand im 19. Jahrhundert ganz neu im Stil des Klassizismus errichtet. Das Anwesen selbst besteht aber schon viel länger, wie wir schon erfahren haben. Ende des 12. Jahrhundert wurde die Wehranlage Burg Westerholt das erste Mal erwähnt. Seit 1290 bis zum heutigen Tage ist das Anwesen im Besitz des Adelsgeschlechts von Westerholt, später unter dem Namen Westerholt zu Gysenberg bekannt.

Da im Schloss Westerholt ein Vier-Sterne-Hotel untergebracht ist, kann es heute nur noch von außen besichtigt werden. Die einzige Inneneinsicht ist im dazugehörigen Lokal namens Pferdestall möglich.

Haus Alt Westerholt
Schlossstraße 16
45701 Herten-Westerholt
☎ (02 09) 35 24 9
www.haus-alt-westerholt.de
Di-Fr 12-15 und 17-22 Uhr,
Sa/So 12-22 Uhr.
Beliebtes Ausflugslokal neben der Pfarrkirche und dem Schloss, großer Biergarten unter schattiger Kastanie.

Ausflugslokal Alt Westerholt

TOUR 35

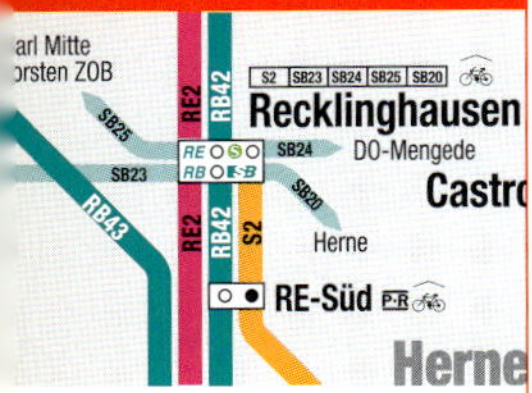

Start
Bhf. Recklinghausen-Süd
2 km Fußweg bis zur Halde
oder Bus 210 bis Haltestelle Neue Horizonte

Wanderung
Industriekultur

RECKLINGHAUSEN ▪ HALDE HOHEWARD

Stonehenge im Ruhrgebiet

Ein mysteriöser Obelisk ragt in die Höhe und überdimensionale Metallrohre überspannen im Halbkreis eine begehbare, kreisrunde Fläche. Bis zu 30 Kilometer weit ist diese Konstruktion sichtbar, doch wer hat sie geschaffen und zu welchem Zweck?

Begonnen hat alles mit der Aufschüttung der **Halde Hoheward** und der benachbarten Halde Hoppenbruch, die zusammen die größte Haldenlandschaft Europas bilden. Sie sind nicht die höchsten Halden des Ruhrgebietes, dennoch ist ihre Erhebung von über 150 Metern beachtlich und lädt bei schönem Wetter zur Fernsicht ein.

Der westliche Teil der Halde ist noch in Betrieb und wird weiter mit Abraum aufgeschüttet. Erst im Jahr 2012, so die Planung, soll auch dieser Bereich für die Öffentlichkeit freigegeben werden. Dann wird das jetzt schon große begehbare Gebiet noch einmal verdoppelt werden.

Am Fuße der Halde Hoheward befindet sich seit Februar 2008 eine sehenswerte Brückenkonstruktion, die zu den Wanderwegen in der Haldenlandschaft Emscherbruch führt. Feuerrot und geschwungen überspannt sie die Straße und endet auf der Haldenseite mit einem Drachenkopf. Das Bauwerk selbst stellt den Körper des Drachen dar.

Wer von der Bushaltestelle Neue Horizonte kommt, wird jedoch vor einer scheinbar endlosen Treppe mit über 500 Stufen stehen, die auf die Halde führen: die so genannte **Himmelsstiege.**

Über steile Wege geht es hinauf zum Aussichtspunkt der Halde, wo uns eine erstaunliche Konstruktion erwartet. Zunächst treffen wir auf einen 8,50 Meter hohen **Obelisken** aus Edelstahl. Dieser dient bei Sonnenschein als Uhrzeiger. Das Ziffernblatt ist ein Plateau mit einem Durchmesser von über 60 Metern. Abgelesen werden kann, durch den Schatten der Säule, die Datumsangabe und die Wahre Uhrzeit.

Gleich dahinter sehen wir zwei halbrunde Metallbögen mit einem Durchmesser von 90 Metern, die über einer weiteren Plattform in die Höhe ragen. Sie sind sogar von der Halde des Tetraeders in Bottrop sehr deutlich zu sehen (ca. 25 Kilometer Luftlinie). Es handelt sich dabei um einen Meridian- und einen Äquatorbogen. Die Konstruktion, die eine moderne Version prähistorischer Steinkreise darstellen soll, wurde im Herbst 2008 fertig gestellt und dient seitdem als **Himmelsobservatorium.** Exakt unter den beiden Bögen ist das Plateau abgesenkt, so dass man als Betrachter von dieser Stelle aus nur den Haldenrand als Horizont sehen kann. Anhand von angebrachten Peilmarken kann man erkennen, wo zum Beispiel in der Winter- oder Sommersonnenwende die Sonne auf - bzw. untergeht.

Wie auf fast allen Halden des Ruhrgebietes gilt auch diese Konstruktion als Landmarke. Wenn in naher Zukunft auch der westliche Teil der Halde begangen werden darf, werden 15 Kilometer Wanderwege in der Landschaft Emscherbruch zu begehen sein. Zudem werden 12 verschiedene Aufgänge zum Observatorium auf der Halde führen, die wie das Ziffernblatt einer Uhr angebracht sein sollen. Einer davon ist die erwähnte **Drachenbrücke**, ein weiterer die nördlich gelegene Himmelsstiege. Im unteren Bereich entstand eine 6 km lange Balkonpromenade mit verschiedenen Aussichtspunkten, auf der die Halde umrundet werden kann.

Obelisk auf der Halde Hoheward

TOUR 36

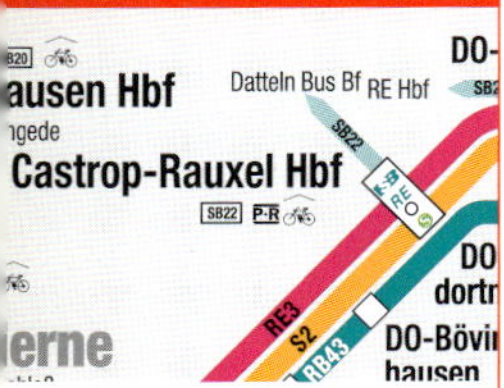

Start
Castrop-Rauxel Hbf.

Radtour
Industriekultur

Länge
Castrop-Rauxel Hbf. - Schiffshebewerk 8 km einfach
Rundkurs vom Schiffshebewerk zur Zeche und zurück 25 km

WALTROP ▪ SCHIFFSHEBEWERK

Der fliegende Holländer

Zugegeben, die Überschrift ist ein wenig übertrieben. Denn von schwebenden Schiffen kann hier nicht die Rede sein – zumindest nicht direkt.

Südlich von Datteln, dort wo der Rhein-Herne-Kanal und der Dortmund-Ems-Kanal zusammen treffen, befindet sich auf dem Stadtgebiet von **Waltrop** eine Schleuse. Allerdings nicht irgendeine Schleuse, sondern ein enormes Hebewerk, das die Schiffe früher einen Höhenunterschied von 14 Metern überwinden ließ.

Von Castrop-Rauxel Hbf. nehmen wir die Wartburgstraße und biegen hinter der St. Petri-Kirche links in die Lange Straße ein, die bald zur Kanalstraße wird und uns direkt zum **Rhein-Herne-Kanal** bringt. Über den gut ausgebauten Radweg am Ufer des Kanals in Richtung Norden erreichen wir das alte Schiffshebewerk, da es genau an der Mündung des Rhein-Herne-Kanals in

den Dortmund-Ems-Kanal liegt.

Das **Schiffshebewerk Henrichenburg** wurde im Jahr 1899 erbaut. Kaiser Wilhelm II. kam persönlich zur Einweihung. Bis 1970 war die riesige Hebeanlage in Betrieb. Sie konnte ein Schiff mit 600 Tonnen Gesamtgewicht in zweieinhalb Minuten vom unteren Abschnitt des Kanals in den oberen befördern – oder umgekehrt. Mit Hilfe von Eisenschwimmern wurden die Schiffe, die Kohle zum Meer brachten und Erze ins Ruhrgebiet, über eine Stufe von 14 Metern angehoben und gesenkt.

Heute befindet sich im unteren Teil der Anlage ein **Museum**, das über das Hebewerk und die Binnenschifffahrt informiert. Auch das Werk selbst ist ein Teil der Ausstellung. Doch wo überwinden die Schiffe heutzutage den noch immer bestehenden Höhenunterschied?

Ein Rundweg führt uns vom alten Schiffshebewerk nur wenige Meter nach Norden zum Neuen Hebewerk. Dieses ist jedoch architektonisch nicht so spektakulär wie das alte – und auch nicht mehr in Betrieb. Es wurde schon im Jahr 1989 von der direkt daneben befindlichen

LWL Industriemuseum
Schiffshebewerk Henrichenburg
Am Hebewerk 2
45731 Waltrop
✆ (02 36 3) 97 07 0
www.lwl.org/lwl/kultur/wim/s/henrichenburg
Di-So 10-18 Uhr
Erw. 3,50 €,
Kinder 2 €,
Familienkarte 8 €.

Schiffshebewerk Waltrop

Fahrgastschifffahrt Kalka
Nonnenrott 24
45711 Datteln
☎ (02 36 3) 20 18
www.hebewerk-henrichenburg.de
von Ostern bis Okt.
Di-Sa 5x tägl.,
So 4x tägl.
Fahrten sind nur möglich, wenn zusätzlich eine Karte für das Museum gelöst wurde

Schleuse abgelöst, die heute noch im Einsatz ist. Zusammen ergibt das Ensemble einen Schleusenpark, der auch vom Wasser aus erkundet werden kann. Das Museum bietet hierfür Fahrten mit dem Ausflugsschiff „Henrichenburg" an.

Vom Schleusenpark gelangen wir am **Dortmund-Ems-Kanal** Richtung Osten. Dabei spielt es keine Rolle, auf welcher Seite wir radeln, aber spätestens nachdem der Kanal rechts einer Kurve folgt, müssen wir mittels der dortigen Brücke auf die Nordseite wechseln.

Der Dortmund-Ems-Kanal bringt es auf eine Länge von 265 Kilometern. Er erstreckt sich zwischen dem Stadthafen der Ruhrgebietsmetropole und dem Fluss Ems im niedersächsischen Meppen. Die Bauzeit betrug sieben Jahre, sie endete mit der Einweihung der Wasserstraße durch Kaiser Wilhelm II. im Jahr 1899. Überwiegend war der Kanal dafür gedacht, die großen Kohlemengen des Ruhrgebietes transportieren zu können. Doch auch nach dem Zechensterben sind noch viele Binnenschiffe auf dieser Wasserstraße unterwegs. Vorausgesetzt, der Kanal läuft nicht leer, wie bei Bauarbeiten im Jahr 2005 geschehen. Zwischen zwei Sicherheitstoren lag der künstliche Fluss auf einer Länge von acht Kilo-

Spazierweg am Rhein-Herne-Kanal

metern buchstäblich auf dem Trockenen, so dass die Schiffe zunächst über die Niederlande einen Umweg einplanen mussten. Wie der Zufall es so wollte, gab es während dieser Zeit eine weitere Havarie, so dass der komplette Schiffsverkehr ab Dortmund für mehrere Tage komplett unterbrochen werden musste.

Nun geht es auf verhältnismäßig ruhigen Straßen ohne Radweg weiter. Wir folgen zunächst der Victorstraße, der Altenbruchstraße, der Brockenscheidter Straße (links), der Ketteler Straße (rechts), dem Krusenhof und der Velsenstraße, bis wir schließlich rechts in der Sydowstraße auf die ehemalige **Zeche Waltrop** treffen.

Die Zeche Waltrop war ein Steinkohlen-Bergwerk. Sie gehört baulich zu den schönsten Schachtanlagen des Ruhrbergbaus. Die noch erhaltenen Gebäude stehen unter Denkmalschutz. 1979 stillgelegt, präsentiert sich die Zeche heute ganz ohne Förderturm, Gleisanlagen und Abraumhalde. Zu sehen sind lediglich alte Werkshallen, die architektonisch ein schönes Bild abgeben und stark vom Jugendstil geprägt wurden. In den Werkshallen haben sich heute Betriebe angesiedelt, die einen Besuch wert sind. Besonders Radfahrer dürften sich für die Firma Hase interessieren, die ausgefallene Spezialräder, vornehmlich Liegeräder und Trikes, herstellt. In weiteren ehemaligen Maschinenhallen der Zeche befinden sich Verkaufsräume von Manufactum, einem Unternehmen, das hochwertige, traditionell gefertigte Haushaltsprodukte anbietet.

Wenn wir an der Zechenanlage die Sydowstraße weiter radeln und auf die Brambauer Straße links abbiegen, uns rechts halten (Industriestraße), so überqueren wir den Datteln-Hamm-Kanal und können diesem nach links folgen, um wieder zum Dortmund-Ems-Kanal und damit zum Schleusenpark zurück zu kehren. Um keinen allzu großen Umweg zu machen, sollten wir aber vor der Kanalmündung eine der beiden Bogenbrücken benutzen, um wieder zurück auf die Südseite des Kanals zu gelangen.

METROPOLE RUHR

Wo bitte, liegt die Metropole Ruhr?

Keine Karte, kein Städteatlas und kein Navigationsgerät geben Auskunft. Denn die **Metropole Ruhr** entsteht gerade erst. Die 11 Städte und vier Kreise des Ruhrgebietes wollen sich künftig stärker als Einheit sehen – als Metropole Ruhr mit 5,3 Millionen Einwohnern. Dazu müssen sich die Ruhrstädte allerdings auch von so manchen lokalen Eigeninteressen verabschieden – und weiter denken als bis zur eigenen Stadtgrenze. Derzeit heißt das Zauberwort „Wandel durch Kultur", bestärkt durch die Ernennung Essens zur „Kulturhauptstadt Europas RUHR.2010".

Hightech statt Hochöfen, Zechen als neue Orte für Kulturevents, Partymeile statt Malocherkneipe. So stellen sich die Initiatoren die Zukunft vor.

Ein Projekt der Metropole ist der **Emscher Landschaftspark:** Der Regionalpark erstreckt sich über eine Länge von mehr als 75 Kilometern von Duisburg am Rhein bis nach Hamm im Osten. Der Emscher Landschaftspark soll die grüne Lunge der Metropole Ruhr werden. In dem einzigartigen Freiraumsystem finden sich Parks, renaturierte Halden, kleine Seen und Flüsse. Ein enges Netz von Fuß- und Radwanderwegen durchzieht diesen grünen Erlebnisraum einer ehemals von der Kohle- und Stahlindustrie geprägten Landschaft (Tour zur Emscherquelle ▶ Seite 140).

Die **Route der Industriekultur** erschließt mit einem 400 Kilometer langen Rundkurs das industriekulturelle Erbe der Metropole Ruhr. Orientierung entlang der Route geben die 25 Ankerpunkte, darunter so eindrucksvolle Zeitzeugen der Industriegeschichte wie der Landschaftspark Duisburg-Nord (▶ Seite 20), der Gasometer Oberhausen (▶ Seite 30) oder das Welterbe Zollverein Essen (▶ Seite 70).

Zu den Aktivitäten des Regionalverbandes gehören auch ganz bodenständige touristische Angebote wie die **RuhrTour,** hier Beispiele:

„Ruhrgebiet kompakt". An fünf Samstagen zwischen Frühling und Spätsommer fährt ein Bus Reiselustige in jeweils vierstündigen Touren zu den spannendsten Orten der Metropole Ruhr. Die RuhrTour zeigt jeweils interessante Kontraste, Geschichte und Gegenwart der Region und präsentiert die schönsten Panoramen - dabei steigt man der Metropole auch schon mal „aufs Dach". Erwachsene zahlen 15, Kinder fünf Euro.

Vier Etappen führen Lauffreudige „auf Schusters Rappen" entlang der Emscher von West nach Ost. Für den Extra-Laufspaß im Rahmen des RuhrTour-Klassikers „Ruhrgebiet auf der Walz" sollte man schon etwas fit im Fuß sein und 17 bis 21 Kilometer durchhalten können. Die Teilnahme kostet 20 Euro pro Etappe. Experten aus Politik, Stadtmarketing und Landschaftspflege leiten die Touren.

Mehr Informationen: www.metropoleruhr.de und www.rvr-online.de

Rund um Dortmund

Start
Bhf. Dortmund-Wischlingen
(S2 alle 20 Min.)

Spaziergang
Für Kinder geeignet

Revierpark Wischlingen
Höfkerstr. 12
44149 Dortmund
☎ (02 31) 91 70 71 0
www.wischlingen.de
Der Park ist durchgehend geöffnet

Sauna und Solebad im Revierpark
So-Do 8-22 Uhr,
Fr/Sa 8-24 Uhr

Eislaufhalle
Im Winterhalbjahr mehrfach am Tag geöffnet, in der Regel bis 17 oder 18 Uhr, dann wieder ab 19.30 Uhr

Hochseilgarten Tree2Tree
im Revierpark Wischlingen
☎ (02 08) 88 42 43 0
www.tree2tree.de
Erw. ab 22 €, Kinder ab 11 €, inkl. Kletterausrüstung

DORTMUND ▪ HALLEREY

Natur in der Stadt

Nur drei Kilometer entfernt vom Dortmunder Stadtzentrum liegt das Naturschutzgebiet Hallerey – und gleich nebenan der Revierpark Wischlingen.

Von der S-Bahnhaltestelle Wischlingen gehen wir rechts in die Höfkerstraße. Dabei passieren wir die Zufahrt zum Revierpark Wischlingen, wenden uns aber zunächst dem südlich liegenden Naturschutzgebiet zu.

Entstanden ist das **Naturschutzgebiet Hallerey** durch den Bergbau. Denn an dieser Stelle gab es eine Bergsenke, die sich im Laufe der Zeit mit Wasser füllte und in der die Natur anschließend wieder Fuß fassen konnte. Das 72 ha große See- und Sumpfgebiet ist dicht bewachsen und von naturnahen Wiesen umgeben. Es gilt als eines der wichtigsten Naturreservate des Ruhrgebietes. Die Hallerey dient besonders Zugvögeln als Rastplatz, die auf dem Weg in ihr Winterquartier hier Halt machen. Lachmöwen können im Naturschutzgebiet ungestört brüten.

Am Ende der Höfkerstraße gehen wir rechts und wandern am Südufer des Sees entlang. Direkt ans Wasser kommt man aber nicht, da der Uferbereich von dichtem Gestrüpp bewachsen ist.

An einer kleineren T-Kreuzung geht es schließlich rechts in den Wald hinein. Bei der nächsten Möglichkeit müssen wir uns dann links halten und wandern mittlerweile näher an der benachbarten Wohnsiedlung als am Ufer des Sees entlang. Der Wanderweg mündet in den Wischlinger Weg, wo in einer Linkskurve die Spazierwege des Revierparks Wischlingen beginnen.

Der **Revierpark Wischlingen** entstand, wie die meisten Revierparks, in den 1970er Jahren als Erholungsgebiet. Weite Wiesenflächen zum Picknicken, Sportfelder für Tennis und Fußball sowie Spielplätze und Kletteranlagen für die Kinder bestimmen das Bild rund um den Natursee mitten im Park, der gerne von Modellbauern zum

Früh übt sich im Klettergarten

Auslaufen ihrer Schiffe genutzt wird.

An den Tennisplätzen vorbei gelangen wir in nördlicher Richtung zur **Kapelle Wischlingen,** die romantisch zwischen den Bäumen steht und das einzige kirchliche Bauwerk in Dortmund ist, das aus Fachwerk besteht.

Von dort aus ist es nicht weit bis zum **Hochseilklettergarten.** Über 70 Kletterelemente und eine 100 Meter lange Seilrutsche lassen seit 2008 Kinderherzen höher schlagen. Gleich daneben befinden sich der noch junge Wasserspielplatz und der bereits erwähnte See. Am südöstlichen Rand sehen wir einige kleinere Gebäude, die an das Naturschutzgebiet Hallerey angrenzen. Zwischen den Häusern und am dortigen Parkplatz vorbei, gelangen wir wieder zur S-Bahnhaltestelle. Wer aber seine Badesachen dabei hat, sollte nach diesem Spaziergang ins kühle Nass abtauchen, denn in den Häusern am Rand des Parks sind ein Sole-, ein Freibad und ein Fitnesszentrum untergebracht. In der kühleren Jahreszeit kann man sich in der gegenüber liegenden Eishalle Schlittschuhe ausleihen und Pirouetten wagen.

Start
Westfalenpark
U 49 ab Dortmund Hbf,
alle 10 Min.

Parkspaziergang und Radtour

Rückfahrt
Rombergpark
U 39 bis Dortmund Hbf.

Länge
3 km (Radtour)

Von Park zu Park

Zwei nicht zu unterschätzende Parklandschaften machen den Dortmunder Süden zu einem beliebten Ausflugsziel. Den Besuch der beiden Parks kann man gut mit einer kleinen Radtour kombinieren.

An der U-Bahnhaltestelle Westfalenpark liegt der vielleicht berühmteste Park des Ruhrgebietes. Nur wenige hundert Meter entfernt stehen auch die Westfalenhallen, in denen zahlreiche Konzerte und Messen stattfinden, sowie das größte Fußballstadion Deutschlands. Letzteres verlor, zumindest offiziell, im Jahr 2005 seinen traditionsreichen Namen „Westfalenstadion“ und wurde in Signal Iduna Park umbenannt.

Wir gehen jedoch in die andere Richtung und betreten den **Westfalenpark,** der bereits dreimal Veranstaltungsort der Bundesgartenschau war. Nicht zu übersehen ist der Fernsehturm „Florian“, mit einer Höhe von 220 Metern das ehemals größte Gebäude Deutschlands. Der Turm, von dem aus man einen schönen Panoramablick über das Ruhrgebiet hat, wurde 1959 zur ersten Bundesgartenschau erbaut. Daher auch sein außergewöhnlicher Name: Florian, der Schutzpatron der Gärtner. In 140 Metern Höhe beherbergt Florian ein sich drehendes Panorama-Restaurant, das leider nur abends bzw. am Wochenende ab 15 Uhr geöffnet hat.

Hinter dem Parkeingang gelangen wir als Erstes zum Rosarium, das mit über 3000 Rosenarten zur drittgrößten Rosenausstellung der Welt gehört. An Florian vorbei gehen wir im Osten des Parks zum Naturschutzhaus. Dieses wurde nach biologischen Grundsätzen erbaut. Neben zahlreichen Nistmöglichkeiten für Insekten und Vögel gibt es hier eine Komposttoilette und eine Pflanzenkläranlage. Gleich daneben liegt der kleine Parksee mit seiner Freilichtbühne. Darauf folgt die große Festwiese, die gerne zum Picknicken genutzt wird, wenn gerade keine Großver-

Westfalenpark
An der Buschmühle 3
44139 Dortmund
☎ (02 31) 50 26 10 0
www.westfalenpark.de
Tägl. 9-21 Uhr, Eingang Ruhrallee ab 10 Uhr
Eintritt 2 €, ab 18 Uhr 1 €

Fernsehturm Florian
im Westfalenpark
Di-Fr 12-23 Uhr
am Wochenende 10-23 Uhr
Turmauffahrt 1,70 €
Kombiticket Park und Turm 3,50 €, ab 18 Uhr 2,70 €

AGARD-Naturschutzhaus
im Westfalenpark
Mo-Fr 10-18 Uhr, (im Winter 9-17 Uhr)
Sa/So 12-18 Uhr

anstaltung stattfindet.

Nach einem Rundgang durch den Westfalenpark verlassen wir diesen über den Ausgang „Blütengärten“ und machen uns auf den relativ kurzen Weg gen Süden zum Rombergpark. Dafür wenden wir unser Fahrrad nach links und radeln „An der Buschmühle“ bis zum gleichnamigen Parkplatz. Auf der rechten Seite nehmen wir die kleine Unterführung unter den Eisenbahngleisen. Es handelt sich um den Steinklippenweg, der neben der Emscher verläuft und auf dem wir bis zur Emscherquelle (▸ Seite 140) fahren könnten. Wir unterqueren die Ruhrallee und radeln nach links, neben der vielbefahrenen Straße her, bis wir automatisch zum Parkplatz des Rombergparks gelangen. Die Straße überqueren wir mit der kleinen Rad- und Fußgängerbrücke und kommen direkt am Zugang zum Rombergpark heraus.

Botanischer Garten Rombergpark
Kasse für die Pflanzenschauhäuser:
Mergelteichstr. 40
44225 Dortmund
((0231) 50 2 41 64
www.rombergpark.dortmund.de
Apr.-Sept. 10-18 Uhr, sonst 10-16 Uhr,
Eintritt 1,50 €

Der **Rombergpark** entstand 1822 zunächst als Englischer Landschaftspark. Seit 1927 wird er als Botanischer Garten genutzt, wirkt aber dennoch sehr naturbelassen. Lediglich der Hinweis am Parkeingang, dass die Wege nicht verlassen werden dürfen, da durch den einstigen Bergbau Einsturzgefahr besteht, betrübt ein wenig das Ausflugserlebnis. Dafür entschädigen jedoch die Pflanzenschauhäuser und die zahlreichen Eichhörnchen, die an sonnigen Wochenenden auch trotz zahlreicher Parkbesucher oft zu sehen sind. Am Wegesrand findet der aufmerksame Besucher außerdem verschiedene seltene Baumarten, von denen viele auf Hinweisschildern erklärt werden.

Im Rombergpark

TOUR 39

Start
Bhf. Dortmund-Bövinghausen
(RB 43 stündlich ab Dortmund Hbf.) oder Bus 462 alle 20 Min. bis Industriemuseum

Museumsbesuch
Industriekultur
Für Kinder geeignet

LWL
Industriemuseum
Zeche Zollern
Grubenweg 5
44388 Dortmund
☎ (02 31) 69 61 21 1
Di-So 10-18 Uhr
Erw. 3,50 €, Kinder 2 €, Familienkarte 8 €
Neben dem Förderturm befindet sich die Gaststätte „Pferdestall" mit Außenterrasse

DORTMUND ▪ ZECHE ZOLLERN

Von hohen Zollern

Ein „Schloss der Arbeit" sollte sie sein, die Zeche Zollern. Heute kann man die teils aufwändig gestaltete Anlage in der Freizeit besuchen.

Errichtet wurde die Schachtanlage zwischen 1898 und 1904 als Musterzeche der Gelsenkirchener Bergwerks AG. Doch die Anlage lohnte sich nur für kurze Zeit. Schon in den 1920er Jahren wurde über eine Schließung nachgedacht, die jedoch durch die gestiegene Stahlnachfrage im II. Weltkrieg und danach zunächst verhindert werden konnte. Doch 1966 kam das endgültige Aus für die Kohlenförderung der **Zeche Zollern.**

Beinahe wäre die stillgelegte Anlage daraufhin dem Bau einer Schnellstraße zum Opfer gefallen. Erbitterter Widerstand vieler Dortmunder Bürger führte jedoch dazu, dass 1969 zunächst die prunkvolle Maschinenhalle und später das gesamte Ensemble als erster deutscher Industriebau unter Denkmalschutz gestellt wurde.

1981 erfolgte dann die Eingliederung Zollerns in das Westfälische Industriemuseum, 1999 öffnete das Museum für Sozial- und Kulturgeschichte hier seine Pforten.

Bei einem Rundgang können wir uns ein gutes Bild vom „Schloss der Arbeit" machen. Das Ensemble aus norddeutschem Backstein weist tatsächlich eine gewisse Ähnlichkeit mit einer barocken Schlossanlage auf. Lediglich die beiden Fördertürme, die sich heute auf dem Gelände befinden, sind keine Originalteile der Zeche Zollern. Sie stammen von Zechen in Herne und Gelsenkirchen und wurden hier wieder aufgebaut.

Das elementarste Bauwerk der Zeche Zollern ist die **Maschinenhalle** mit ihrem markanten Portal im Stil Pariser Metrostationen. Sie wurde 1902/1903 vom Berliner Architekten Möhring aus Stahl, Glas und Backsteinen errichtet und gilt als ein Baudenkmal von Weltrang. Im Inneren des verspielten Jugendstilgebäudes befinden sich unter anderem eine marmorne Schalttafel,

Zeche Zollern: Lohnhalle

ein Druckluftkompressor sowie die älteste elektrische Fördermaschine im deutschen Bergbau. Diese tat in den 1950er und 1960er Jahren mit über 1400 Pferdestärken fleißig ihren Dienst, bevor sie stillgelegt wurde. Ein Ingenieur namens Werner Mellin bediente sie damals. Mellin war es auch, der sich in den 1990er Jahren mit dem Angebot an das Museum wandte, das Herzstück der Anlage wieder herzurichten. 2005 wurde sie wieder für Museumszwecke in Betrieb genommen. Wegen Restaurierungsarbeiten ist die Maschinenhalle jedoch voraussichtlich bis zum Jahr 2010 nicht für den Publikumsverkehr geöffnet. Ab und zu finden jedoch geführte Besichtigungen in die Halle statt. Über die genauen Termine können wir uns im Internet informieren.

Sehenswert ist auch die Lohnhalle, die besonders im Inneren mit ihrer prachtvollen Ausstattung lockt. Bei beiden Gebäuden mag man kaum glauben, dass sie ehemalige Industriehallen waren.

Neben der Besichtigung der historischen Gebäude lohnt sich auch ein Besuch der Ausstellungen, unter anderem zum Arbeitsalltag der Bergleute. Schwindelfreie Besucher können außerdem den Aufstieg auf den Förderturm wagen, während Kinder sicher von einer Fahrt mit der Grubenbahn begeistert sind.

Beim Verlassen der Zeche Zollern kann man im südlichen Teil noch die dazugehörige **Halde Zollern** besichtigen. Sie gilt schon beinahe als kleines Naherholungsgebiet. Im Gegensatz zu anderen Halden im Ruhrgebiet befindet sich auf dem Gipfel dieses künstlichen Berges kein Kunstprojekt und auch kein Aussichtspunkt. Hier gibt es schlicht und einfach Wald, der im Laufe der letzten Jahrzehnte auf der Halde gewachsen ist.

Ruhrtalbahn „Zechenexpress"
(▸ Seite 109)

✆ (01 80 1) 66 00 99 07 52
www.ruhrtalbahn.de
März-Okt.,
jeden 4. Sa im Monat
Seit 2009 fährt ab dem Bhf. Bövinghausen auch der „Zechenexpress", ein historischer Schienenbus, in Richtung Süden zur Ruhr. Er endet in Bochum-Dahlhausen, nachdem er zuvor die Zeche Nachtigall in Witten-Bommern passiert hat.

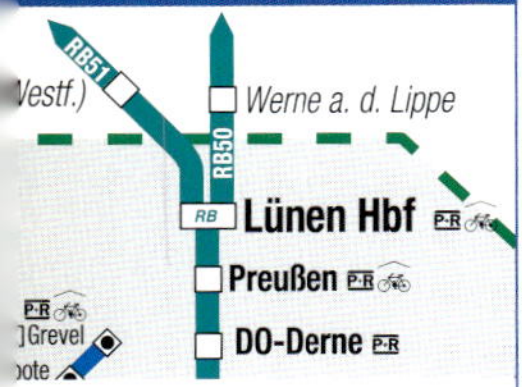

Start
Lünen Hbf.
(RB 50 und RB 51, alle 30 Min.)

Radtour
Lünen - Bergkamen - Werne

Länge
16 km

Rückfahrt
Bhf. Werne

Ökologiestation
Umweltzentrum Westfalen GmbH
Westenhellweg 110
59192 Bergkamen
☎ (02 38 9) 98 09 0
www.uwz-westfalen.de
Mo-Do 8-16, Fr 8-12 Uhr.

Restaurant Neumann's Nautilus
Hafenweg 4
59192 Bergkamen
☎ (02 38 9) 92 59 20
www.neumanns-nautilus.de
Direkt an der Marina Rünthe.

WERNE

Vom Zechenhafen zur Marina

Im Nordosten des Ruhrgebietes liegen die kleinen Städte Lünen, Bergkamen und Werne, die sich ideal mit dem Fahrrad besuchen lassen. Der Yachthafen Marina Rünthe am Datteln-Hamm-Kanal vermittelt mediterranes Flair, während eine Ökologiestation über Naturschutz informiert.

Wir beginnen unseren Rundkurs am Lünener Hauptbahnhof. Über die Kurt-Schumacher-Straße Richtung Süden erreichen wir bald das Flüsschen Lippe, das wir überqueren. Am Ufer der Lippe verläuft nun unser Weg, der uns nach 3 km zum **Datteln-Hamm-Kanal** und an diesem entlang bis nach Werne führen wird.

Nach 5 km ist **Bergkamen** erreicht. An der zweiten Brücke über den Datteln-Hamm-Kanal bietet sich Gelegenheit zu einem Abstecher zur **Halde Großes Holz,** die sich in Serpentinen erklimmen lässt. Die Abraumhalde ist bereits zur Hälfte renaturiert und bietet einen schönen Panoramablick über die Landschaft.

Zurück am Kanal radeln wir wieder am Nordufer und bald auf der parallel verlaufenden Straße Königlandwehr entlang. Schnell erreichen wir das Kohlekraftwerk Bergkamen, das schon von Weitem zu sehen war. Kurz hinter dem Kraftwerk liegt linkerhand unser nächstes Ziel: die **Ökologiestation am Westenhellweg,** die sich in einem ehemaligen Gutshof befindet. Sie informiert anschaulich über den schonenden Umgang mit der Natur und verfügt unter anderem über einen interessanten Bienenlehrpfad, der von ehrenamtlichen Helfern gepflegt wird. Zudem finden regelmäßig Ausstellungen statt und es können sogar heimische Zimmerpflanzen getauscht werden.

Weiter geht es wieder am Kanal, wo wir an der nächsten Brücke auf die südliche Seite wech-

Marktplatz von Werne

seln, um zur **Marina Rünthe** zugelangen. Dieser Yachthafen gilt als der größte in NRW und war ursprünglich ein Werkshafen der Zeche Werne. Heute ist er ein beliebtes Ausflugsziel, auch wenn man kein Sportboot sein Eigen nennt.

Am Ende der Sackgasse mündet ein kleiner Weg in den angrenzenden Wald hinein, wo noch der Beversee auf uns wartet. Das 700 x 100 Meter große Gewässer ist durch eine Bergsenke entstanden und kann auf einem Wanderweg gemütlich umrundet werden.

Zum Ziel unseres Ausflugs sind es nun nur noch 3 Kilometer (Radweg entlang der B 233): **Werne** besticht durch hübsche Fachwerkhäuser, die rund um den Hof der St. Christophoruskirche stehen. Das Gotteshaus selbst stammt aus dem 12. Jahrhundert. In den folgenden Jahrhunderten errichtete man zudem eine Stadtmauer, deren Überreste am Jüdischen Friedhof an der Straße „Südmauer“ zu sehen sind. Gleich am Markt im Zentrum befinden sich die Touristeninformation und das alte Rathaus aus dem 16. Jahrhundert mit seinen gotischen Laubengängen.

Ebenfalls an der Südmauer befindet sich das St. Petrus und Paulus Kloster mit drei schönen Barockaltären.

TOUR 41

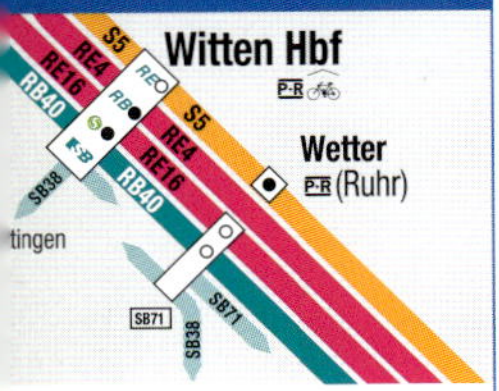

Start
Bhf. Wetter/Ruhr

(Rad-) Wanderung
Wetter – Herdecke – Hohensyburg – Herdecke

Rückfahrt
Bhf. Herdecke
(RB 52 stündlich nach Hagen und Dortmund)

Länge
ca. 18 km

WETTER ▪ HARKORTSEE

Ruhr mit drei H

Harkortsee, Hengsteysee und die Hohensyburg: drei Ausflugsziele an der Ruhr südlich von Dortmund, deren Besuch sich lohnt.

Idealerweise reisen wir mit dem Fahrrad an, entweder auf dem Ruhrtalradweg oder mit der Bahn bis Wetter. Ab Wetter Bahnhof folgen wir der Kaiserstraße und der Friedrichstraße bis zu der Stelle, wo die Ruhr seit 1931 zum Harkortsee gestaut wird.

Der historische Kern der kleinen Stadt **Wetter** liegt in einer Ruhrschleife auf einem Hügel und blickt auf den Harkortstausee. Benannt wurde der See nach Friedrich Harkort, einem Industriellen und Politiker, der im südlichen Hagen geboren wurde. Da er eine sehr enge Verbindung zu Wetter besaß, wird die Stadt sogar machmal als "Harkortstadt" bezeichnet.

Am westlichen Ufer des Sees liegt am Hang die Altstadt von Wetter mit der „Freiheit", einem historischen Fachwerkviertel aus dem Mittelalter. Hier steht auch das Wohnhaus von Friedrich Harkort, das heute das Stadtarchiv beherbergt. Besonders sehenswert ist das Fünf-Giebel-Eck, ein Ensemble aus mehreren Häusern. Ganz in der Nähe an der Kaiserstraße steht das Rathaus

Wetter. Das denkmalgeschützte Gebäude aus Ruhrsandstein wurde1909 von Kaiser Wilhelm II. eingeweiht. Es besitzt einen 43 m hohen Turm und ist im Stil der deutschen Renaissance gehalten. Sein steiles Dach ist mit Dachpfannen aus Schiefer bedeckt. Architekt und Bauherr war der damalige Regierungsbaumeister Gustav Werner aus Berlin. An der Freiheit steht auch die Ruine der **Burg Wetter.** Das Bauwerk aus dem 13. Jahrhundert gehörte einst zu den bedeutendsten Burgen im Ruhrgebiet. Von hier aus verwalteten die märkischen Grafen ihre Besitzungen. Einige Teile der heutigen Ruine, darunter ein kleiner Turm, sind frei zugänglich. Allerdings lohnt eine Auffahrt zur Burgruine vor allem für die Aussicht auf den See.

Einen schönen Blick ins Ruhrtal hätte man auch vom Harkortturm, einem Aussichtsturm auf dem Harkortberg. Leider ist der 1907 errichtete hohe Turm zurzeit geschlossen.

Doch nun hinunter ins Ruhrtal. Wir radeln auf der Nordseite des Gewässers entlang gen Osten, unterhalb der Hänge des **Ardeygebirges.** Schon kurz vor Ende des Sees, fällt ein eher unschönes Bauwerk ins Auge. Über 200 Meter hoch reckt sich der Schornstein des Cuno-Kraftwerkes in die Höhe und überragt dabei die Gipfel und Wälder auf dem Gebirgszug. Das Cuno-Kraftwerk entstand 1908 als eines der ersten reinen Dampfturbinen-Kraftwerke. Es wurde mit Kohle

Personenschifffahrt Hengsteysee
Am Zickenkamp 11
58313 Herdecke
☎ (02 33 0) 72 98 1
www.personenschifffahrt-hengsteysee.de
Ostern bis Mitte Okt.

Restaurant Schiffswinkel
Im Schiffswinkel 35
58313 Herdecke
☎ (02 33 0) 21 55
www.schiffswinkel.de
Mo-Do 12-15 und 17.30-23 Uhr,
Fr/Sa 12-15 und 17.30-24 Uhr,
So 12-22 Uhr
Gemütliche Pizzeria am Stauwehr des Hengsteysees

Blick über die Ruhrseen

betrieben und erst 2004 stillgelegt. Im Jahr 2007 wurde ein neues Gaskraftwerk an gleicher Stelle eingeweiht, der alte Schornstein blieb aber stehen. Und das ist auch gut so, denn in 80 Metern Höhe befindet sich ein Nistkasten für Wanderfalken. Während der Brutzeit kann man sie mit dem Fernglas beobachten.

Gleich dahinter erblicken wir ein schönes Bauwerk, das die Einmündung der Ruhr in den **Harkortsee** markiert und über den Fluss nach Hagen führt. Die Rede ist vom 30 Meter hohen und 313 Meter langen **Ruhrviadukt.** 12 Rundbögen spannen sich über den Fluss, die jeweils eine Weite von 20 Metern besitzen. Die Eisenbahnbrücke aus Bruchstein wurde schon 1879 eingeweiht. Im Jahr 1943 wurde ein Pfeiler vom Hochwasser weggerissen, hervorgerufen durch die Zerstörung der Möhnesee-Sperrmauer. Das Bauwerk wurde schließlich 1945 von der Wehrmacht gesprengt. 1952 erfolgte der Wiederaufbau. Über den Viadukt führt heute die Eisenbahnstrecke Herdecke-Hagen (RB 52).

Nur wenig später erreichen wir auch schon das nächste Gewässer. Auch der **Hengsteysee** wurde mit einem Wehr gestaut. Er ist nach dem

Ruhrviadukt bei Herdecke

angrenzenden Hagener Stadtteil Hengstey benannt. Am Nordrand des 4 km langen Sees verläuft der Radweg durch dicht bewaldetes Gebiet unterhalb des Klusenbergs. Hinweisschilder markieren einen Wanderweg zu diesem Gipfel des Ardeygebirges, der ein schönes Panorama auf den sichelförmigen See freigibt.

Kurz vor der Mündung des Flusses Lenne in die Ruhr, die das Ostende des Hengsteysees markiert, können wir im Ardeygebirge die Hohensyburg besuchen. Die **Hohensyburg** ist eine Burgruine oberhalb des Ruhrtals, die vermutlich aus der Mitte des 12. Jahrhunderts stammt. Aber schon seit ca. 700 n. Chr. soll an dieser Stelle eine Burg gestanden haben. Rund um die Ruine erstreckt sich ein kleiner Wald mit Lichtung. Direkt neben den Burgmauern wurde im 19. Jahrhundert ein Aussichtsturm errichtet, der leider baufällig ist und daher nicht betreten werden kann. Aber nur 200 Meter weiter westlich gibt es einen weiteren schönen Aussichtspunkt. Dort erhebt sich das mächtige Reiterstandbild von Kaiser Wilhelm I., von dessen Plateau aus man gut über den Hengsteysee blicken und sogar die Lennemündung sehen kann.

Wer von hier aus nicht den gesamten Weg wieder zurück radeln möchte (der Weg auf der Südseite der Ruhr empfiehlt sich nicht), der sollte zwischen Harkort- und Hengsteysee den Bahnhof Herdecke ansteuern. Nahe der Brücke der B54 über die Ruhr führt ein Radweg Richtung Bahnhof.

In **Herdecke** lohnt sich noch ein Abstecher in die Altstadt, die westlich der B 54 (Hagener Straße) zu finden ist. Im historischen Bachviertel rund um den Herdecker Bach sind viele gut erhaltene Fachwerkhäuser zu bewundern. Die meisten stammen aus dem 17. oder 18. Jahrhundert. In der Altstadt steht auch das bedeutendste Baudenkmal der Stadt, die Stiftskirche. Die dreischiffige romanische Basilika entstand im 13. Jahrhundert, geht aber in ihren Usprüngen auf eine Klosterkirche aus dem 9. Jahrhundert zurück.

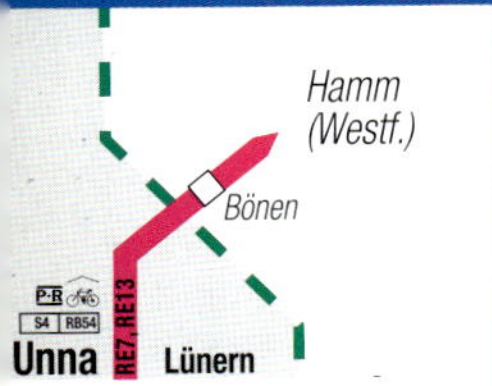

Start
Maximilianpark
(Bus 1, 3, 6 und 33 von Hamm Hbf.)

Spaziergang
Für Kinder geeignet

Dauer
3-4 Stunden

Maximilianpark Hamm
Alter Grenzweg 2
59071 Hamm
((02 38 1) 98 21 00
www.maximilianpark.de
Apr.-Sept. 9-21 Uhr (Einlass bis 19 Uhr), Okt.-März 10-19 Uhr (Einlass bis 17 Uhr). Elefant nur von Apr.-Okt. 10-18 Uhr. 3,50 € Erw., 2 € Kinder, 9 € für Familien. Schmetterlingshaus März-Sept. 10-18 Uhr, Okt. und Nov. 11-18 Uhr. 2,50 € Erw., 1,50 € Kinder, 5,50 € Familienkarte.

Maxigastro
Alter Grenzweg 2
59071 Hamm
((02 38 1) 49 39 86 8
Kleines Restaurant mit Biergarten zwischen der Werkstatthalle und dem See im Park.

HAMM ▪ MAXIMILIANPARK

Von Elefanten und Schmetterlingen

Die Einwohner von Hamm nennen den Maximilianpark gern nur Maxi-Park. Sein vollständiger Name stammt vom Standort des Parks, der ehemaligen Zeche Maximilian.

Maxi ist aber auch in mancherlei Hinsicht zutreffend, zumindest was den Elefanten im Park angeht. Dieser ist zwar nicht echt, aber das Wahrzeichen des Maximilianparks: Ein **gläserner Elefant,** in den die ehemalige Kohlenwäsche der Zeche vom Künstler Horst Rollecke verwandelt wurde. Der Rüssel reicht bis zum Boden und beherbergt einen Fahrstuhl, mit dem man in die oberen Etagen der Kohlenwäsche bzw. in den Bauch des Elefanten gelangt. Dort warten interaktive kinetische Kunstobjekte auf die Besucher. Nur ein Knopfdruck setzt z. B. den Palmenputzer in Bewegung, der dann tatsächlich die Palmen putzt.

Doch der **Maximilianpark** ist mehr als nur ein Dickhäuter aus Glas und Beton. Nachdem die Zeche 1943 endgültig aufgegeben wurde, lag das Gelände nach dem Zweiten Weltkrieg fast vier Jahrzehnte lang brach. Erst Anfang der 1980er Jahre wurde das Gebiet für die erste Landesgartenschau Nordrhein-Westfalens in einen Landschaftspark umgewandelt.

Auf 22 Hektar kann man sich heute erholen, Kunstobjekte besichtigen und spazieren gehen. Die kleinen Besucher kommen auf mehreren großen Spielplätzen auf ihre Kosten. Riesige Sandflächen und zahlreiche unterschiedliche Klettergerüste stehen zur Auswahl, ob Klettergarten, Röhrenrutsche oder ein Wasserspielplatz, bei dem man vorsorglich Wechselwäsche mit in den Park bringen sollte.

Unbedingt empfehlenswert für Groß und Klein ist die größte Schmetterlingsausstellung Deutschlands. Auf über 600 qm sind 80 verschiedene

Der Glaselefant ist eine der Attraktionen im Maximilianspark

Falter zu sehen. Dabei ist sehen nicht ganz der richtige Ausdruck, immerhin sind die bunten Insekten keine scheuen Tiere und nutzen den menschlichen Betrachter auch als Landeplatz. In der Tropenhalle heißt es demnach aufpassen, wo man hintritt, denn die Schmetterlinge sind überall.

Bevor man sich allerdings auf den Weg nach Hamm macht, sollte man im Internet einen Blick auf den Veranstaltungskalender werfen. Der Maximilianpark ist nämlich nicht immer eine Oase der Ruhe, sondern bietet auch zahlreichen Künstlern und Vereinen einen Platz. So trifft sich hier schon mal die Interessengemeinschaft Schiffsmodellbau zum Austausch oder die Modell- und Gartenbaufreunde lassen ihre Minieisenbahn ihre Runden ziehen, während in der Werkstatthalle namhafte Interpreten wie Sarah Connor, Jürgen von der Lippe oder Atze Schröder auftreten.

Wer selber mit Freunden eine Veranstaltung organisieren möchte, der ist mit den Grillhäusern gut beraten. Für eine Anmietung inkl. Picknick im Park wird jedoch eine Reservierung dringend empfohlen, da die Grillplätze beliebt und daher schnell vergeben sind.

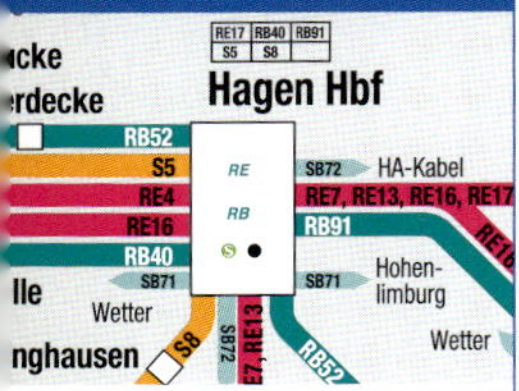

Start
Hagen Freilichtmuseum (Bus 512 oder 84 ab Hagen Hbf.)

Freilicht-Museumsbesuch
Für Kinder geeignet

Anfahrt mit dem Rad
ab Hagen Hbf. ca. 9 km durch den Hagener Stadtwald (mit Steigungen)

Dauer
ca. 3-4 Stunden

LWL Freilichtmuseum Hagen
Westfälisches Landesmuseum für Handwerk und Technik
Mäckingerbach
58091 Hagen
☎ (02 33 1) 78 07 0
www.lwl.org/LWL/Kultur/LWL-Freilichtmuseum_Hagen/
April-Okt.
tägl. außer Mo
9-17 Uhr (letzter Einlass)
Erw. 5 €, Kinder 2 €
Am ersten Adventswochenende nostalgischer Weihnachtsmarkt

HAGEN ▪ FREILICHTMUSEUM

Das Dorf im Tal

Südlich von Hagen, wo das Ruhrgebiet ins Bergische Land übergeht, liegt zwischen baumbestandenen grünen Hängen das Westfälische Landesmuseum für Handwerk und Technik. Es ist das einzige seiner Art in Europa.

Nicht nur, dass das Freilichtmuseum interessant ist, es umfasst zudem ein ganzes Tal. Der Mäckingerbach fließt durch diesen schönen Landstrich und ist Teil des Museums. Um den Bach herum erheben sich zahlreiche Fachwerkhäuser, von denen jedes einen Handwerksbetrieb beherbergt. Dieses **Freilichtmuseum** ist einzigartig in Europa. Auf insgesamt 40 Hektar befindet sich ein ganzes Dorf, in dem Ausstellungen oder Vorführungen in historischen Werkstätten zu sehen sind. Abgerundet wird dieses Bild von der sehenswerten Landschaft.

Beginnend bei der Getreidemühle führt der Rundwanderweg durch das Tal, vorbei an Betrieben wie der Lohmühle und der Gelbgießerei. Nach einer kurzen Pause an einem See, den der Bach bildet, erreichen wir das Schmiedeviertel, wo es beinahe für jedes einzelne Produkt (Nägel, Feilen, Ketten etc.) eine eigene Schmiede gibt. Zudem befindet sich hier das **Deutsche Schmiedemuseum** auf drei Etagen eines barocken Fachwerkhauses, das einst das Rathaus von Neunkirchen war und im Museumsdorf wieder aufgebaut wurde. Eine Dauerausstellung dokumentiert die Schmiedekunst und präsentiert zahlreiche Waffen.

Der Rundgang führt uns vorbei am Sensenhammer und der Drahtzieherei, bis zur Papierproduktion und -verarbeitung in einer Druckerei. Auch hier gibt es eine Dauerausstellung, die über Papier als Gebrauchsgegenstand informiert. Wer Lust hat, kann sich gegen Einwurf von 10 Cent eine Postkarte mit dem Tagesdatum einer originalen, alten Druckmaschine selbst drucken.

Weit hinten im Tal, wir haben mittlerweile

schon einige hundert Meter zurückgelegt, erreichen wir den „Dorfplatz" des Museums. Hier stehen die hübschen Fachwerkhäuser wie um einen echten Marktplatz herum. Zwischen dem Gasthof „Zur Post" und der Seilerei gibt es eine Sattlerei, eine Polsterei, eine Blaufärberei und zahlreiche weitere Handwerksbetriebe zu bestaunen. Von der Kaffeerösterei und der Bäckerei weht der Duft von frischem Kaffee und Brot aus dem Steinofen herüber.

Insgesamt beherbergt das Freilichtmuseum 60 historische Betriebe und Werkstätten, in denen noch so gearbeitet wird "wie früher". Der Schwerpunkt liegt auf der Metallverarbeitung. Am Eingang des Museums erfährt man die Öffnungszeiten der einzelnen Werkstätten. So kann man den „Handwerkern" bei Ihrer Arbeit zusehen oder mit ihnen über ihre Tätigkeit fachsimpeln. Die Produkte kann man auch direkt vor Ort kaufen: Im alten Kolonialwarenladen gibt es leckeren Saft, frisch gepresst aus dem Obst der Streuobstwiesen, und das Brot aus der Bäckerei ist noch warm.

Im Freilicht-museum Hagen

Haus Letmathe
im Westfälischen Freilichtmuseum Hagen
Mäckingerbach
58091 Hagen
((02 33 1) 70 10 0
www.hausletmathe.de.
Küche Di-So von 11.30-15.30 Uhr
Im Ortskern des Museumsdorfes, Außenterrasse und Hausbrauerei

Käse-Deele-Rafflenbeul
Auf dem Killing
58091 Hagen
((02 33 1) 77 28 8
www.kaese-deele.de
Im Hofladen gibt es Käsesorten aus Eigenproduktion.

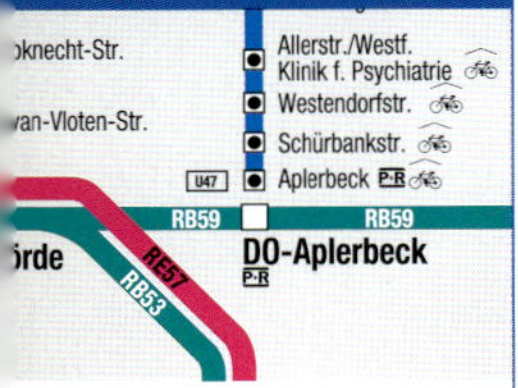

Start
Dortmund Aplerbeck (U47)
oder
Bhf. Dortmund-Aplerbeck (RB59)

(Rad-)Wanderung
Dortmund-Aplerbeck - Emscherquelle - Opherdicke - Bhf. Holzwickede

Länge
ca. 10 km

Rückfahrt
Bhf. Holzwickede
(RB59 alle 30 Min.)

Emscherquellhof
Quellstraße 2
59439 Holzwickede
☎ (02 30 1) 91 98 17
Dauerausstellung jeden 2. und 4. Sonntag im Monat, 11-16 Uhr
Die Quelle ist jederzeit begehbar

Haus Opherdicke
Dorfstraße 29
59439 Holzwickede
Zur Besichtigung bitte einen Termin vereinbaren unter
☎ (02301) 91340-20

HOLZWICKEDE ▪ EMSCHERQUELLHOF

Zur Emscherquelle

Die Emscher galt lange Zeit als der Inbegriff eines Abwasserkanals oder, wie man im Ruhrgebiet sagt, einer Köttelbecke. Doch dass die Emscher im Wandel ist, beweist ein Besuch der Quelle in Holzwickede.

Der Fluss, der auf mehr als 80 km mitten durchs Ruhrgebiet und schließlich in den Rhein fließt, wird in einem Generationenprojekt renaturiert. Ergebnisse dieser Bemühungen, die auch im Rahmen der Präsentation der Metropolregion Ruhr als Kulturhauptstadt Europas 2010 unterstützt werden, können wir heute aus nächster Nähe betrachten. Auch die Radroute Emscher-Weg, auf der wir ein kleines Stück fahren werden, ist ein Teil dieses Renaturierungsprojektes.

Wir beginnen unsere Tour in Dortmund-Aplerbeck, unweit des barocken Wasserschlosses **Haus Rodenberg** aus dem 17. Jahrhundert. Das restaurierte, zum Teil aus Fachwerk bestehende Gebäude gehört heute zur Volkshochschule Dortmund und kann leider nicht besichtigt werden. Dafür bietet sich ein kleiner Schlossgarten zum Verweilen an.

Wir verlassen Aplerbeck über den Marktplatz und folgen der Radroutenbeschilderung des Emscher-Weges. Die **Emscher** ist leider nicht immer zu sehen, sie verläuft hier teilweise noch unter der Erde. An der Schweizer Allee wechseln wir auf das Südufer des Flüsschens und fahren an Wäldern und Feldern vorbei bis zur Sölder Straße, wo die Emscher aus einer Betonröhre plätschert.

Der Radroutenbeschilderung folgend radeln wir von der Sölder Straße nach links in die Jasminstraße. Nach den Gleisen geht es zum Abschluss etwas bergauf in die Landskroner Straße. Die zweite Straße links verrät unser Ziel (Quellenstraße). Am Ende treffen wir auf den **Emscherquellhof.** Hier scheint die Zeit stehen geblieben zu sein – oder eher zurückgedreht worden. Das

1801 erbaute Gehöft, eine Fachwerk-Hofanlage, wurde im Jahr 2005 von der Emschergenossenschaft restauriert. Es strahlt in neuem Glanz, genau wie der renaturierte Quellbereich der Emscher. Direkt an den Fahrradparkplätzen geht es zu Fuß über Holzbohlen, die mit Zitaten zum Thema Wasser verziert sind, nur wenige Meter zur Emscherquellteich im Hof. Dieser wird gespeist von mehreren kleinen Rinnsalen, die einige Meter entfernt unterirdisch entspringen.

In den Gebäuden des Emscherquellhofs kann eine Ausstellung zur Geschichte der Emscher und des Quellhofs sowie zur laufenden Renaturierung des Flusses besucht werden. Diese soll innerhalb der nächsten 20 Jahre abgeschlossen sein.

Vom Emscherquellhof lohnt noch ein Abstecher ins 2 Kilometer entfernte Opherdicke. Das gleichnamige Herrenhaus gilt als eines der herausragendsten Bauwerke dieser Gegend. Dazu radeln wir auf der Landskroner Straße südlich bis zur Römerstraße, an der wir in die Lichtendorfer Straße einbiegen. Bevor wir immer geradeaus fahrend das **Haus Opherdicke** erreichen, passieren wir noch die evangelische Kirche Opherdicke, das älteste Gebäude des Ortes. Kurz hinter der Kirche steht Haus Opherdicke, das im 12. Jahrhundert als Wasserschloss erbaut wurde.

Um nun zum Bahnhof Holzwickede zu kommen, radeln wir auf der Dorfstraße und Unnaer Straße zurück bis zur Abzweigung der Holzwickeder Straße. Diese bringt uns in den Ortskern und Richtung Bahnhof von Holzwickede.

Dieser Baum ist schon länger ein Naturdenkmal

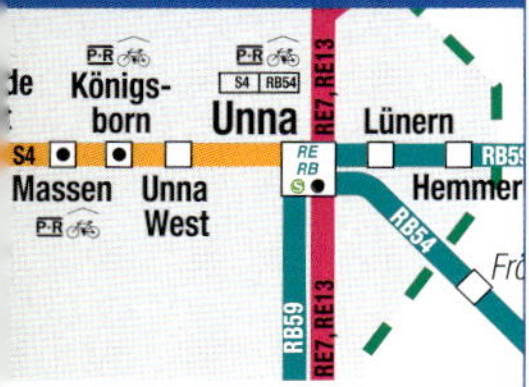

Start
Bhf. Unna

Stadtspaziergang

Dauer
ca. 1,5 Std.
(ohne Museumsbesuch)

UNNA ▪ ALTSTADT

Es werde Licht

Es muss nicht immer ein Ausflug in die Natur sein oder die Besichtigung von kulturellen Gütern, manchmal macht es einfach Spaß, auf den Spuren der Geschichte zu wandeln. Was liegt da näher, als eine Stadt mit historischem Kern zu besuchen?

Hätte das Ruhrgebiet eine Art Stadtmauer, so wären die Einwohner von Unna dafür zuständig, das östliche Stadttor zu bewachen. Denn weiter östlich folgen schon die Soester Börde und das Sauerland. Durch das Stadttor wiederum würde der **Hellweg** in das Ruhrgebiet hinein führen. Gemeint ist die alte Handelsstraße zwischen dem Rhein und dem Paderborner Land. Schon die Römer sollen auf dem Hellweg marschiert sein, bekannt und ausgebaut wurde er aber erst durch Karl dem Großen. Dieser ließ im 8. Jahrhundert Festungen an der Fernstraße errichten und den Weg sogar stellenweise befestigen.

Eine heutige Straße mit der Namensbezeichnung Hellweg befindet sich im Osten der Unnaer Innenstadt und ist weniger von Bedeutung. Sie endet nur wenige Meter hinter der alten Stadtkirche aus dem 14. Jahrhundert. Dieses evangelische Gotteshaus ist das älteste Bauwerk der Stadt und erhebt sich in unmittelbarer Nähe des historischen Marktplatzes. Rund um den trapezförmigen Platz gruppieren sich Bürgerhäuser, die bis zu 400 Jahre alt sind. Viele davon haben hübsch restaurierte Fachwerkfassaden. In der Mitte des Marktplatzes steht der Eselsbrunnen, das Wahrzeichen von Unna. Am südlichen Ende des Markts beginnt die Fußgängerzone namens Massener Straße, in der sich rechterhand die ehemalige Lindenbrauerei befindet.

Blieben wir beim Beispiel mit der Stadtmauer rund um das Ruhrgebiet, so würden die Einwohner von Unna wohl das Stadttor hell erleuchten. Denn Unna beherbergt das Zentrum für internationale Lichtkunst, in der ehemaligen

Lindenbrauerei
Zentrum für Internationale Lichtkunst
Lindenplatz 1
59423 Unna
☎ (02 30 3) 10 37 70
www.lichtkunst-unna.de
Führungen Di-Fr 14, 15.30, 17 Uhr, Do auch 18.30 Uhr, am Wochenende stündlich zwischen 13 und 17 Uhr, 9 €

Hellweg-Museum
Burgstraße 8
59423 Unna
☎ (02 30 3) 25 64 45
Di-Fr 10-12.30 Uhr und 15-17 Uhr, Sa 11-13 Uhr, So 11-13 Uhr und 15-17 Uhr, Eintritt frei. Einblicke in die Geschichte der Stadt Unna. Highlight: der Goldmünzschatz

Gueldener Trog

Lindenbrauerei untergebracht ist. In dem Backsteingebäude wurde über einhundert Jahre das Lindenbier gebraut. In Abendstunden sieht man bereits von außen den illuminierten Schornstein der Brauerei, der auf das Lichtkunst-Museum im Inneren hinweist. Ausstellungen zum Thema Licht wechseln sich ab, eine Camera Obscura ist dauerhaft eingerichtet.

Ein weiteres Museum in einem historischen Gebäude erreichen wir nördlich des Marktplatzes über die Bahnhofstraße und Mauerstraße. Dort treffen wir auf die **Burg Unna** mit ihrem imposanten Rundturm. Innerhalb der Burgmauern befindet sich das **Hellweg-Museum,** das sich mit der Geschichte der Stadt befasst. Unbedingt sehenswert ist hierbei der Goldmünzschatz im Burgturm. Über ein halbes Jahrtausend lagen 230 Goldmünzen verborgen im Erdreich der Unnaer Altstadt. Erst 1952 stieß man zufällig bei Bauarbeiten auf die Münzen.

Bei einem Esel als Wahrzeichen und einem echten Goldschatz im Museum ist es natürlich kein Zufall, dass im Museumsshop ein Goldesel als Stofftier erhältlich ist. Ein schönes Mitbringsel aus Unna.

EXTRASCHICHT IM RUHRGEBIET

Schicht im Schacht

Noch vor wenigen Jahrzehnten war fast jede Ruhrgebietsfamilie irgendwie mit dem Bergbau verbunden, selbst wenn man nur jemanden kannte, der unter Tage arbeitete. Heute muss man die Bergleute suchen. Man muss sogar die Leute suchen, die einen Bergmann noch persönlich kennen.

Irgendwann war Schicht im Schacht und es wurde keine Kohle mehr gefördert. Doch es blieben die Reste der industriellen Anlagen, die Förderturme sowie die Abraumhalden. Und es war zu überlegen, was fortan damit geschehen sollte. Aus Abraumhalden wurden schließlich begrünte Berge mit Wanderwegen, Plätze für Flugdrachenfestivals und Aussichtspunkte. Im besten Fall wurden die Fördertürme und Industrieanlagen Weltkulturerbe. Wenn es nicht zu diesem Titel reichte, dann schuf man aus ihnen Museen, Ausstellungen, Lehrpfade oder wandelte sie in Naherholungsgebiete um. Heute sind alle wichtigen Orte dieser (ehemaligen) Industrieregion verbunden durch die **Route der Industriekultur,** die man in mehreren Tagesetappen Punkt für Punkt abfahren und besuchen kann.

Der Höhepunkt für Besucher dieser Route wird seit dem Jahr 2005 alljährlich im Sommer organisiert, wenn es heißt: **„Extraschicht".**

Die Industriekomplexe von einst werden zu Spielorten mit kulturellem Programm, das bis weit in die Nacht hineindauert – was der Extraschicht auch zum Beinamen „Nacht der Industriekultur“ verholfen hat.

Die Ruhrgebiet Tourismus GmbH, der Regionalverband Ruhr und der Verkehrsverbund Rhein-Ruhr veranstalten diese **Kulturnacht,** die regelmäßig von 100 000 bis 150 000 Gästen besucht wird. Besonders der Verkehrsverbund Rhein-Ruhr ist ein wichtiger Organisator. Da die betreffenden Orte über das gesamt Ruhrgebiet verteilt sind, werden über 100 Busse zusätzlich eingesetzt und die Fahrzeiten der S-Bahnen dichter getaktet. Mit der Eintrittskarte zur Extraschicht kann der öffentliche Personennahverkehr die ganze Nacht genutzt werden.

Jedes Jahr werden herausragende Industriedenkmäler des Ruhrgebiets als Hauptorte ausgewählt. Im Jahr 2008 waren dies unter anderem der Tetraeder, die Jahrhunderthalle und das Rheinische Industriemuseum in Oberhausen. An anderen Orten kann man kleinere Aufführungen und Veranstaltungen besuchen. Die Extraschicht des Jahres 2009 findet am 27. Juni und im Jahr darauf am 19. Juni 2010 statt.

Rund um Düsseldorf

Start
Bhf. Solingen-Schaberg (RB 47)

Wanderung
Für Kinder geeignet
Solingen-Schaberg – Müngstener Brücke – Schloss Burg

Länge
Müngstener Brücke – Burg 4 km
Burg – Bhf. Solingen-Schaberg 7 km

Rückfahrt
Im Sommerhalbjahr Buslinie 687 zwischen Schloss Burg und Solingen-Müngsten Brückenpark, Sa/So 1x stündlich

SOLINGEN ▪ MÜNGSTENER BRÜCKE

Über Berg und Tal

Diese Tour führt uns zur berühmten Müngstener Bücke, die in luftiger Höhe die Wupper überspannt. Von hier aus bietet sich eine Wanderung durch das wild-romantische Bachtal der Wupper nach Schloss Burg an.

Vom Bahnhof in Solingen-Schaberg geht es erst einmal abwärts - ins Tal der Wupper. Dort angekommen, darf man staunen: In 107 Metern Höhe spannt sich die **Müngstener Brücke** über den Fluss. Die höchste Eisenbahnbrücke Deutschlands besteht aus 5.000 Tonnen Eisen und Stahl und wirkt doch ganz filigran. Erbaut wurde sie im Jahr 1897, um die beiden bergischen Städte Remscheid und Solingen miteinander zu verbinden. Dadurch konnte die Bahnstrecke von 44 Kilometern auf 8 Kilometer verkürzt werden. Der Bau der 465 m langen, technisch ausgeklügelten Konstruktion dauerte 5 Jahre und war eine technische Meisterleistung.

Ein imposanter Anblick, erst recht, wenn man genau unter der Brücke steht oder in einem der Liegebänke Platz nimmt, die im gesamten Tal verteilt sind und zur Wanderpause einladen. Selbst Kaiser Wilhelm II. gab sich die Ehre und stattete der Brücke Ende des 19. Jahrhunderts einen Besuch ab, wie eine Tafel am Wegesrand verrät. Damals trug sie noch den Namen „Kaiser-Wilhelm-Brücke“, allerdings nicht zu Ehren von Wilhelm II., sondern seines Großvaters Wilhelm I. Wer das Tal von oben sehen und mit der Bahn über die Brücke fahren möchte, benutzt die Regionalbahn 47 zwischen Remscheid und Solingen, auch „Der Müngstener“ genannt.

Zum 100-jährigen Bestehen der Brücke 1997 wurde der Verhüllungskünstler Christo darum gebeten, doch auch die Müngstener Brücke unter einem riesenhaften Tuch verschwinden zu lassen. Dieser erklärte sich allerdings dazu nicht bereit. Er begründete seine Ablehnung damit, keine Sache zweimal zu machen, schließlich habe er

schon einmal eine Brücke verhüllt (Pont Neuf in Paris). Hätte er zugesagt, wäre allerdings zu befürchten gewesen, dass eine Verhüllung der mächtigen Müngstener Brücke dem Wind nicht lange standgehalten hätte.

Die Müngstener Brücke ist 107 Meter hoch

Vom **Müngstener Brückenpark**, der im Jahr 2006 rund um die Brücke angelegt wurde, führt der Weg weiter an der Wupper entlang. Vorbei an der Minigolfanlage gelangt man zu einer Schwebefähre, die langsam über die Wupper gleitet. Die Fähre ist eine Plattform, die an zwei Stahlseilen hängend wie eine Draisine von den Fahrgästen bedient werden muss. Sie ist an dieser Stelle die einzige Möglichkeit, die Wupper zu überqueren. Eigentlich müsste man sie aufgrund ihrer Konstruktion ja „Hängefähre" nennen. Aber weil man in der Fähre das Gefühl hat schwerelos über das Wasser zu schweben, wurde sie wohl Schwebefähre getauft.

Am anderen Flussufer teilt sich nach wenigen Metern der Wanderweg. Gehen wir links bergauf, so kommen wir an erneut unter der Müngstener Brücke entlang (schöne Perspektive) und erreichen eine kleine Kapelle. Von hier aus hat man ebenfalls einen herrlichen Blick über das Tal. Entscheidet man sich am Abzweig für den rechten Weg, dann gelangt man nach 3 km zum Schloss Burg. Der merkwürdige Name steht für ein Schloss im Solinger Stadtteil **Burg**, bei

Müngstener Brücke
Müngstener Brückenweg 71
Solingen-Müngsten
☎ (0 21 91) 90 94 01
www.muengstener-bruecke.de

Schwebefähre über die Wupper
Tägl. zwischen 9-18 Uhr, Mo etwas später
Kein Fährbetrieb bei Regen möglich
0,50 € pro Person bzw. Fahrrad

Rund um Solingen-Burg gibt es schöne Wanderwege

dem es sich auch tatsächlich um eine Burganlage handelt. Auf einem Hügel thront das mächtige Schloss der Grafen von Berg, dessen Anfänge im 12. Jahrhundert liegen und das zu Beginn des letzten Jahrhunderts wiederaufgebaut und restauriert wurde. Heute ist Schloss Burg die größte rekonstruierte Burganlage Westdeutschlands.

Burg selbst teilt sich wiederum in zwei kleinere Ortsteile auf. Unterburg liegt direkt an der Wupper und ist für die meisten Anreisenden der erste Anlaufpunkt. Abgesehen von mehreren gastronomischen Betrieben hält man sich allerdings nicht lange in Unterburg auf, sondern macht sich auf den Weg in das 100 Meter höher gelegene Oberburg, wo sich die Schlossanlage befindet

Um **Schloss Burg** zu erreichen, kann man vom Ufer der Wupper entweder steil bergauf wandern, oder einen Sessellift benutzen, der einen bequem auf den Schlosshügel befördert. Die Seilbahn Burg wurde 1952 als erste Seilbahn Nordrhein-Westfalens in Betrieb genommen. Seither hat sie schon 14 Millionen Fahrgäste den Schlosshügel hinauf und hinunter gebracht. Oben angekommen, findet man neben der Bergstation den ehemaligen Pfarrgarten, in dem eine 250 Jahre alte

Schloss Burg
Schlossplatz 2
42659 Solingen-Burg
☎ (02 12) 24 22 62 6
www.schlossburg.de
März-Okt. Di-So 10-18 Uhr, Mo 13-18 Uhr, sonst Di-Fr 10-16 Uhr, Sa und So 10-17 Uhr.
5 € pro Person, Hunde nicht erlaubt

Seilbahn Schloss Burg
Hasencleverstr. 2
42659 Solingen
☎ (02 12) 44 95 0
www.seilbahn-burg.de
Di-So 10-18 Uhr, einfache Fahrt 2,40 €, Hin- und Rückfahrt 3,50 €

knorrige Kaiserlinde steht.

Regelmäßig werden auf dem Schlossgelände Ritterspiele und Mittelaltermärkte veranstaltet. Aber auch ohne diese Veranstaltungen weht ein Hauch von Mittelalter über den Schlossplatz und die dazugehörigen Bauwerke.

Im Inneren von Schloss Burg befinden sich das **Bergische Museum** sowie eine Gedenkstätte des ehemaligen Deutschen Ostens und der Vertreibung. Im Bergischen Museum kann man einige historische Räume von Schloss Burg besichtigen, darunter den Rittersaal, den Ahnensaal, die Kapelle, die Rüstkammer und die Kemenate. Wertvolle Wandgemälde zeigen das Leben auf der Burg, wie es früher war. Außerdem gibt es eine Ausstellung zur Bergischen Wohnkultur, verschiedene Sammlungen (die neueste ist die historische Sammlung von Märklin-Eisenbahnen) und vieles mehr im Museum zu sehen.

Eine Spezialität von Solingen-Burg ist die Burger Brezel, die man vor dem Schloss erwerben kann. Die Brezel ist ein Süßgebäck und wird traditionell schon seit zwei Jahrhunderten in Burg hergestellt. Man kann sie sich wie ein Lebkuchenherz an einem Band um den Hals hängen. Im Stadtteil Unterburg wurde zu Ehren der Brezelbäcker sogar ein Denkmal errichtet.

Waldschänke Wiesenkotten
Wiesenkotten 1
42659 Solingen
☎ (02 12) 43 23 4
www.wiesenkotten.de
März-Okt. Di-Fr ab 12 Uhr, Sa/So ab 11 Uhr,
im Winter nur an den Wochenenden.
Mit Außenterrasse direkt an der Wupper zwischen Brücke und Schloss.

Café Kalkum
Wermelskirchener Str. 4
42659 Solingen-Burg
☎ (02 12) 44 32 7
Vor dem Schloss, mit Brezelverkauf

Auf Schloss Burg

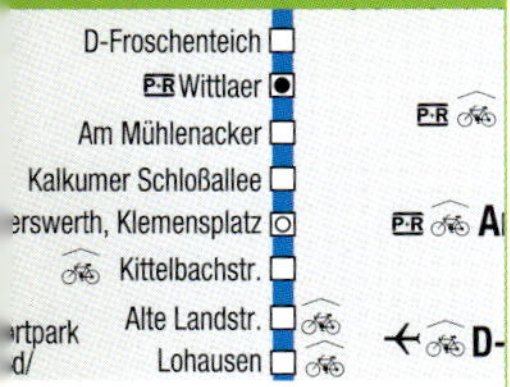

Start
Düsseldorf, Kalkumer Schlossallee
(U 79 ab Düsseldorf Hbf.)

(Rad-)Wanderung
Für Kinder geeignet

Länge
Kaiserswerth – Nordpark ca. 10 km

Rückfahrt
Düsseldorf, Nordpark/Aquazoo, (U 79 ab Düsseldorf Hbf.)

DÜSSELDORF ▪ KAISERSWERTH

Am Rhein entlang

Für Radfahrer ist eine Fahrt an einem Fluss immer ein angenehmes Erlebnis. An Deutschlands längstem Fluss, dem Rhein, kann man von der Quelle in den Schweizer Alpen bis in das niederländische Rotterdam radeln. Für heute soll aber ein kurzes Stück in Düsseldorf reichen.

Wer schon mit dem Rad von Norden kommend anreist, der trifft hinter Duisburg auf den ersten und ältesten Düsseldorfer Stadtteil, **Kaiserswerth.** Wir anderen starten an der Haltestelle Kalkumer Schlossallee. Über den Herbert-Eulenberg-Weg erreichen wir den Rhein. Auf dem Rheinradweg, direkt am Ufer, wo der Leinpfad in den Herbert Eulenberg Weg mündet, ist schon die alte Stifts- und Stadtmühle von Kaiserswerth zu sehen.

Gleich hinter dem folgenden Zollhaus geht es links in die Straße Kaiserswerther Markt, wo neben dem Rathaus mehrere hübsche Bürgerhäuser stehen. Wir befinden uns hier im historischen Ortskern der ehemals eigenständigen Stadt, die 1929 nach Düsseldorf eingemeindet wurde. Gehen wir zum Rheinufer, sehen wir die Rückseite der **Suitbertus-Basilika** mit ihrem spätromanischen Kirchenschiff und dem gotischen Chor.

Kaiserswerth liegt auf einer ehemaligen und mittlerweile verlandeten Rheininsel. Hier befand sich einer der ältesten Rheinübergänge des Mittelalters. Die Franken nutzten den Platz als Basis für ihre Eroberungen, englische Mönche für ihre Missionierung östlich des Rheins. Der Heilige Suitbert gründete im 7. Jahrhundert auf dieser Insel („Werth") ein Benediktinerkloster. Auf diese Zeit geht auch die Basilika St. Suitbertus zurück, die damals als Stiftskirche erbaut wurde. Während der Jahrhunderte wurde das Gotteshaus bei Kriegen und Belagerungen immer wieder schwer beschädigt, zuletzt im Zweiten Weltkrieg. Zahlreiche Neu- und Umbauten gaben der Kirche während der Zeit schließlich ihr heutiges Gesicht.

Kaiserpfalzruine
Karfreitag bis Ende Oktober
Tägl. 9-18 Uhr, spätestens bis Einbruch der Dunkelheit
Eintritt frei

Restaurant Galerie Burghof
Burgallee 1
40489 Düsseldorf
✆ (02 11) 40 14 23
Tägl. geöffnet von 11-1 Uhr
Außenterrasse unter Kastanien, neben der Kaiserpfalz mit Blick auf den Rhein.

Seit 1950 hat sie auch einen Dachreiter, der als Glockenstuhl dient. 1967 zeichnete der damalige Papst St. Suitbertus als bedeutsamen Kirchenbau mit dem Titel „Basilika" aus.

Kaiser Heinrich III. ließ im Jahre 1045 südlich von der Rheininsel eine Pfalz erbauen. Im Laufe der Zeit, unter Kaiser Barbarossa, wurde die Pfalz zur Festung ausgebaut und es entstanden Machtkämpfe rund um Kaiserswerth. Aber erst der Erbfolgekrieg zu Beginn des 18. Jahrhunderts sorgte dafür, dass die **Kaiserpfalz** zur Ruine verkam: die siegreichen preußischen und holländischen Truppen hatten Sie gesprengt. Aber auch Kaiserswerth war durch die Kämpfe stark mitgenommen und lag in Schutt und Asche. Das Material zum Wiederaufbau ihrer Häuser holten die Stadtbewohner aus der Ruine. Erst zwischen 1899 und 1908 wurden erste Reste der Kaiserpfalz wieder instand gesetzt. Weitere Restaurierungen zur Bewahrung des geschichtlich bedeutsamen Bauwerks - die Pfalz wurde aber nie wieder vollständig aufgebaut – fanden in den 1960er und 1970er Jahren sowie um die letzte Jahrtausendwende statt.

Nur wenige Meter von der Suitbertus-Basilika entfernt, erheben sich direkt am Radweg diese

Die Ruine der Kaiserpfalz am Rhein

Überreste der Kaiserpfalz, die wir betreten können. Hinweisschilder erläutern die einzelnen Gebäudeabschnitte. Über eine Treppe gelangen wir zu einem kleinen Aussichtspunkt. Allerdings ist der Blick auf den Rhein durch hohe Bäume und die alte Festungsmauer erschwert.

Auf dem weiteren Weg nach Süden radeln wir auf dem Lohauser Deich zwischen den Rheinauen, während neben uns die Binnenschiffe gegen die Strömung ankämpfen und knapp über uns die Flugzeuge in die Höhe steigen. Die Start- und Landebahn des Düsseldorfer Flughafens ist von hier nur 1500 Meter entfernt und führt genau in unsere Richtung.

Rund 4 Kilometer hinter der Kaiserpfalz unterqueren wir die Autobahnbrücke und erreichen wenig später die **Düsseldorfer Messehallen** im Stadtteil Stockum sowie die LTU-Arena (ab Juli 2009 ESPRIT-Arena). In dem 2005 eröffneten Stadion finden regelmäßig Bundesliga-Spiele und Konzerte internationaler Künstler statt. Hinter den Messehallen verlassen wir den Rheinradweg und biegen nach links in den Nordpark Richtung Löbbecke **Aquazoo** ab. Dieser wurde im 19. Jahrhundert von Theodor Löbbecke gegründet und war in seinen Anfängen ein Naturkundemuseum.

Blick über den Rhein auf Kaiserswerth

Vorwitzige Echse im Aquazoo

Auch heute noch werden naturkundliche Exponate wie Fossilien im Aquazoo ausgestellt, der seit 1987 in dem überdachten Gebäude im Nordpark eine Heimat gefunden hat. In 25 Themenbereichen können außerdem mehr als 450 Tierarten, darunter Pinguine, Echsen und zahlreiche Fische, in ihren Aquarien betrachtet sowie ein Insektarium besucht werden. Dazu kommen wechselnde Ausstellungen.

Der Aquazoo befindet sich, wie schon erwähnt, im 36,6 ha großen Düsseldorfer Nordpark, der 1936 von den Nationalsozialisten für eine Propaganda-Ausstellung geschaffen wurde. Damals gab es einen Eklat um die im Park stehenden Plastiken der „Rossebändiger", die als Fotografien auf einer Ausstellung für so genannte „entartete Kunst" auftauchten. Noch heute sind Überbleibsel aus der damaligen Zeit zu sehen. So sind vier Skulpturen erst in jüngster Vergangenheit wieder an ihren alten Plätzen aufgestellt worden.

Aquazoo-Löbbecke-Museum
Kaiserswerther Str. 380
im Nordpark
40200 Düsseldorf
☎ (02 11) 89 96 15 0
www.duesseldorf.de/aquazoo
Tägl. 10-18 Uhr
Erw. 6 € ,
Kinder 4 €,
Familienkarte 12 €

Heute charakterisieren baumbestandene Rasenflächen und breite Wege den **Nordpark**, in dem verschieden gestaltete Gartenbereiche zu sehen sind. Einer davon ist der Seerosengarten mit einem von Säulen umstandenen Wasserbecken. Zudem gibt es im Sommer sehenswerte Wasserspiele im 170 m langen Becken neben dem Aquazoo, Spielplätze für Kinder und einen hübschen japanischen Garten.

Start
Bhf. Düsseldorf-Benrath
S6, RE 1 und RE 5 ab Düsseldorf Hbf.
oder Straßenbahn 701 bis Haltestelle Schloss Benrath

Spaziergang
Museumsbesuch

Dauer
Spaziergang ohne Museumsbesuch
ca. 1,5 Std.

DÜSSELDORF ▪ SCHLOSS BENRATH

Von rosa Schlössern und grünen Wäldern

Im Süden der Landeshauptstadt Düsseldorf steht das rosafarbene Lustschloss Benrath. Hinter einem kleinen See gelegen, wirkt das Bauwerk auf den ersten Blick recht bescheiden. Doch der Eindruck täuscht.

Auch wenn **Schloss Benrath** beim Näherkommen an manchen Stellen einen etwas vernachlässigten Eindruck macht, so ist das Bauwerk doch eines wichtigsten der Stadt und steht seit Ende des letzten Jahrhunderts unter Denkmalschutz.

Erbaut in der zweiten Hälfte des 18. Jahrhunderts, wurde es wenig später zur offiziellen Residenz der Großherzöge von Kleve und Berg, die sich jedoch nur selten im Schloss aufhielten. Im II. Weltkrieg wurde das Gebäude teilweise stark beschädigt. Nachdem die Zerstörungen durch den jahrelangen Wiederaufbau verschwanden, wurde das Schloss zu Repräsentationszwecken genutzt, unter anderem für Staatsempfänge von Königin Elisabeth II. und Michail Gorbatschow.

Im Haupthaus, dem Corps de Logis, finden heute wechselnde Ausstellungen statt. Während der geführten Besichtigungen kann man einiges über das Leben im Residenzschloss erfahren. In den beiden Nebengebäuden rund um den Schlossweiher sind zwei Museen eingerichtet: das Museum für Naturkunde und das Museum für Gartenbaukunst. Doch der Höhepunkt von Schloss Benrath ist der waldreiche **Schlosspark** hinter dem Gebäudeensemble, der sich bis zum Rhein erstreckt. Gleich hinter dem Haupthaus führt die Schlossterrasse zu einem auffälligen Weiher, der zwar schmal ist, es aber auf eine Länge von fast 500 Metern bringt. Vom anderen Ende des kleinen Sees kann man sehr schön beobachten, wie sich das Haupthaus im Wasser spiegelt, was dem Teich den Namen Spiegelweiher gab. Geht man am Weiher entlang, so

sieht man auf der linken Seite die Orangerie, ein Überbleibsel des einstigen Wasserschlosses aus dem 15. Jahrhundert, das vor dem Bau des Benrather Schlosses an dieser Stelle stand. Nur wenige Meter daneben kann man im Nutzgarten einen kleinen Rundgang zwischen Wirsing und Zwiebeln machen.

Auf der anderen Seite des Spiegelweihers erhebt sich unübersehbar der einstige **Jagdwald.** Er ist quadratisch angelegt und mit vier Hauptwegen versehen, die sich genau in der Mitte des Waldes treffen. Dort im Rondell kann man auf einer der Holzbänke Platz nehmen und die Ruhe des Waldes genießen. Gehen wir die Diagonalachse entlang, die sich vom Haupthaus des Schlosses entfernt, so gelangen wir zum südwestlichsten Punkt des Schlossparks. Von hier kann man eine schöne Aussicht auf das Rheinufer und das gegenüber liegende Naturschutzgebiet Zonser Grind genießen.

Schloss Benrath

Schloss Benrath
Museum für Europäische Gartenkunst und Museum für Naturkunde
Benrather Schlossallee 100-106
40597 Düsseldorf
☎ (02 11) 89 93 83 2
www.schloss-benrath.de
Mitte April-Ende Okt Di-So 10-18 Uhr,
Nov.-Mitte April Di-So 11-17 Uhr
Die Museen kosten jeweils 5 €, erm. 3,50 €, bis 18 Jahre frei.
Museum Corps de Logis 7 € (nur mit Führung), Verbundkarte für alle Museen 10,50/7,50 €.

TOUR 49

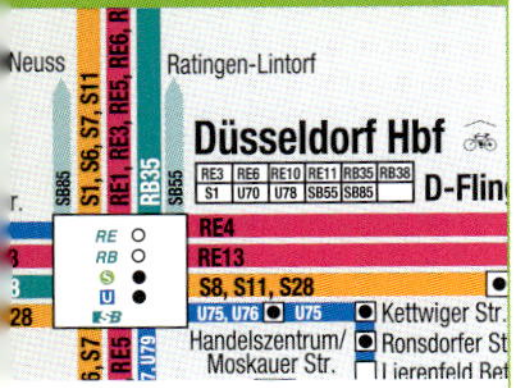

Start
Haltestelle Landtag/ Rheinkniebrücke (Straßenbahnen 707 und 709 ab Düsseldorf Hbf.)

Radtour
Düsseldorf – Zollfeste Zons

Länge
ca. 30 km

Rückfahrt
Bhf Nievenheim (S11 bis Düsseldorf Hbf.)

DÜSSELDORF ▪ ZOLLFESTE ZONS

Vom Medienhafen bis ins Mittelalter

Eine schöne Radtour führt uns von der Landeshauptstadt am Rhein entlang bis in das Städtchen Zons, das sich ein mittelalterliches Stadtbild bewahrt hat.

Ausgangspunkt für die Tour ist der **Rheinturm.** Der 180 Meter hohe Fernsehturm steht direkt am Rhein beim Nordrhein-Westfälischen Landtag. Hier verläuft auch der **Rheinradweg.**

Am Rheinturm beginnt der **Medienhafen.** Dieses neue Stadtviertel wurde in den 1990ern auf einem 185 Hektar großen Teilstück des Industriehafens geschaffen. Die architektonisch anspruchsvollen Gebäude geben dem Düsseldorfer Stadtteil Hafen seitdem ein ganz neues Gesicht. Im Medienhafen haben sich die verschiedensten Firmen und Institute der Medien- und Werbebranche angesiedelt, darunter die Filmstiftung NRW, die Landesrundfunkanstalt Nordrhein-Westfalen und das Europäische Medieninstitut. Aber auch andere Branchen, vorwiegend aus der kreativen Szene, haben hier Fuß gefasst. In den letzten Jahren zogen besonders viele Betriebe und Designer aus dem Modebereich her. Mit dem modernen Büroviertel hat sich auch ein pulsierendes Nachtleben entwickelt. Neben verschiedenen Clubs und Bars gibt es eine Großraumdisco, ein Multiplex-Kino und viele Restaurants.

Das berühmteste Gebäude und Wahrzeichen des Medienhafens ist **Der Neue Zollhof,** ein zwischen 1996-199 erbauter Bürokomplex des kanadischen Architekten Frank Gehry, der sich an der gleichnamigen Straße befindet. Eigentlich sind es ja sogar drei Häuser, sechs bis dreizehn Stockwerke hoch, die den Blick des Betrachters auf sich ziehen. Gemeinsam sind ihnen allen die windschiefen Wände und die Rundungen – es gibt praktisch keine Ecken. Allerdings unterscheiden sie sich neben ihrer Höhe auch im ge-

Rheinturm (Fernsehturm)
Stromstr. 20
40221 Düsseldorf
☎ (0211) 863 20 00
www.guennewig.de (Restaurant)
Tägl. 10-23h
Erw. 3,40 €,
Kinder 2,70 €
Panoramablick von zwei Aussichtsplattformen (geschlossen und offen), Cafeteria und Drehrestaurant in luftiger Höhe.

Der Neue Zollhof ist ganz schön schräg

wählten Baumaterial. Ein Gebäude ist mit Edelstahlplatten verkleidet, eines weiß verputzt und das dritte wurde mit roten Klinkern versehen.

Doch nun weiter auf unserer Rheintour: Wir radeln direkt am Ufer entlang und erreichen bald den Industriehafen. Über eine steile Rampe gelangen wir auf eine Rad- und Fußgängerbrücke, die uns zwar noch nicht über den Rhein bringt, aber über die Hafenzufahrt für die Schiffe. Eine weitere, nicht minder steile Rampe führt uns zunächst in das **Hafengebiet** hinein, doch schon nach kurzer Zeit radeln wir auf dem Radweg zwischen Hafen und Rhein an den Auen entlang. Im weiteren Verlauf fahren wir auf dem Hammer Deich und unterqueren zunächst eine Eisenbahnbrücke sowie die viel befahrene Bundesstraße 1. An Klärwerken und Gewächshäusern vorbei führt uns der Deich, dessen Namen sich mehrmals ändert, unterquert die Autobahn 46 und bringt uns durch Wälder und Felder in einer weiten Schleife weiter Richtung Süden. Kurzzeitig treffen wir auf das Benrather Schlossufer, wo wir unsere Tour mit einem Besuch des **Benrather Schlosses** kom-

Rheinfähre
Zwischen Zons und Düsseldorf-Urdenbach
Apr.-Sept.
Mo-Fr 6.15-21 Uhr, Sa/So 9-21 Uhr
Okt.-März Mo-Fr 6.15-20 Uhr, Sa/So 9.30-19 Uhr,
Erw. 1 €, Kinder 0,50 €,
Fahrrad 1,50 €

binieren können (▶ Seite 156). Rund 2 km südlich des Schlossparks erreichen wir schließlich den Anleger der **Rheinfähre.** Hier setzen wir auf die andere Rheinseite über.

Am anderen Ufer radeln wir weitere 300 m Richtung Süden und sehen vor uns schon den von dichten Bäumen und hohen Wällen umgebenen Ort **Zons.**

Das kleine Örtchen wurde erstmalig im 7. Jahrhundert erwähnt. Es verfügt über einen Altstadtkern, der beinahe rechtwinklig angelegt ist und gerade mal auf eine Länge von 300 Metern kommt. Im Mittelalter wurde Zons auf Geheiß des Kölner Erzbischofs Friedrich III. von Saarwerden stark befestigt und mit einer wehrhaften Wallmauer umgeben, die heute noch gut zu sehen ist. Grund: Das Amt zu Erhebung des Rheinzolls wurde von Neuss nach Zons verlagert. So entstand aus dem Ort im 14. Jahrhundert die stark bewachte **Zollfeste Zons.**

Zunächst treffen wir auf den nördlich gelegenen Zollturm mit dem Rheintor, wo es an Sommertagen nach leckeren Waffeln riecht, die gleich nebenan frisch gebacken werden. Der Turm diente der Zollabfertigung. Die geübten Augen der Zöllner sahen von dieser erhöhten Po-

Mittelalterliche Fassaden in Zons

sition jedes näherkommende Schiff.

Der Zollturm ist einer von vier ehemaligen Wach- bzw. Wehrtürmen. Das Nordtor hingegen ist nur einer von zwei Zugängen in die Altstadt. Allerdings ist das andere Tor, das Feldtor, nicht mehr erhalten, während vom Nordtor zumindest noch ein Rundbogen gut zu erkennen ist. Der Rest des Bauwerkes musste einer Kapelle weichen, die von Franziskanermönchen erbaut wurde. Am Ende der nach rechts führenden Stadtmauer können wir den Krötschenturm ausmachen. Er diente nicht nur als Wach- oder Wehrturm, sondern auch als Lager bzw. als Quarantäneort, um gesunde Bürger von Zons nicht mit einer Krankheit anzustecken. Mit dem Begriff Krötsch wird im Rheinischen nämlich eine kränkelnde Person bezeichnet.

An der Stadtmauer entlang gelangen wir zum so genannten **Pfefferbüchsen.** Dieser achteckige gotische Wehrturm und sein nicht weit entfernter Zwillingsbruder sind die einzigen Türme ihrer Art im Rheinland. An dem einen sind silberne Plaketten angebracht, die die Hochwasserstände der vergangenen Jahrzehnte zeigen – umso erschreckender, da der Rhein von hier aus noch nicht einmal zu sehen ist. Am Pfefferbüchsen vorbei gehen wir in das kleine mittelalterliche Städtchen und spazieren auf der überschaubaren Hauptstraße (Schlossstraße) entlang. Links steht der Juddeturm mit seinen Schießscharten, der leider nicht bestiegen werden kann und rechts die St. Martinuskirche. Der heute sichtbare Bau stammt von 1878. Am Ende der Straße wundern wir uns über eine Brunnenskulptur mit mehreren Schweinen, doch eine Infotafel erläutert den „Schweinekrieg“ in der Stadt, an den die Skulptur erinnern soll.

Auf dem Rückweg verlassen wir die Zollfeste Zons über die Nievenheimer Straße auf der ausgeschilderten Kaiser-Radroute, der wir bis zum Bahnhof Nievenheim folgen.

Restaurant
Altes Zollhaus
Rheinstraße 16
41541 Dormagen-Zons
☎ (02 13 3) 41 09 5
www.zollhauszons.de
12-14.30 Uhr und ab 18 Uhr, So/Fei durchgehend Küche
Gediegenes Restaurant direkt am Pfefferbüchsen, rustikale Speisen.

Start
Bhf. Neanderthal (S28 ab Düsseldorf Hbf., alle 20 Min.) und 5 Min. Fußweg zum Museum

Wanderung
Museum
Für Kinder geeignet

Dauer
ohne Museumsbesuch ca. 2 Stunden

Neanderthal Museum
Talstr. 300
40822 Mettmann
☎ (02 10 4) 97 97 0
www.neanderthal.de
Museum und Fundstelle Di-So 10-18, im Winter schließt die Fundstelle um 16 Uhr. Nutzung der Steinzeitwerkstatt nach Voranmeldung.
Museum 7 €/Erw., 4 € für Kinder.

Wildgehege Neandertal
Naturschutzverein Neandertal e.V.
Neanderstr. 85
40822 Mettmann
☎ (02 10 4) 98 03 50
www.wildgehege-neandertal.de
Das Wildgehege kann, ebenso wie der Kunstweg, unabhängig vom Museum besichtigt werden. Rundgang beider Wege ca. 1,5 Std.

METTMANN ▪ NEANDERTAL

Zeitreise

Vor sehr langer Zeit lebte der vielleicht berühmteste Mensch der Welt in einem kleinen Tal in der Nähe des heutigen Mettmann. Dort jagte er durch die Wälder, trank aus dem Bach, der später den Namen Düssel bekam, und starb in einer Grotte, an der 40.000 Jahre später die Landstraße 357 vorbeiführt.

Der Neandertaler, gelegentlich auch Neanderthaler geschrieben, hat sich ein schönes Fleckchen Erde zum Leben ausgesucht. Grüne Wälder, ein plätschernder Fluss und eine tiefe Schlucht waren der Lebensmittelpunkt des Urzeitmenschen. Die Wälder und der Fluss existieren heute noch und machen das **Neandertal** zu einem beliebten und erholsamen Ausflugsziel. Lediglich die Schlucht mit ihren Grotten und Wasserfällen ist verschwunden. Sie bestand aus Kalkstein, was ihr zum Verhängnis wurde: Im 19. Jahrhundert wurde die 50 m tiefe Klamm abgebaut und ist damit unwiderruflich zerstört worden. Allerdings wurden bei diesen Arbeiten die Knochen und der Schädel des Neanderthalers gefunden, der dort vor 40 000 Jahren verstarb.

Die Fundstelle, direkt neben der Landstraße, ist heute Teil des **Neanderthal-Museums,** das rund 400 m weiter entfernt steht. Am Zugang der Fundstelle erhebt sich ein Felsen, das letzte Erinnerungsstück an die einstige Schlucht. Hier beginnt auch ein schnurgerader Weg, dessen Verlauf eine Zeitachse darstellen soll. Angefangen beim Auftreten des Homo Sapiens vor rund 200 000 Jahren, endet die rund 100 m lange Achse in der heutigen Zeit, wobei die letzten beiden Jahrhunderte mit ihren zahlreichen Entdeckungen und der Industrialisierung lediglich wenige Zentimeter einnehmen. Gekennzeichnet sind außerdem die Fundorte von drei verschiedenen Neanderthalern sowie der Standort der damaligen Höhle. Informationen zu den einzelnen Ausstellungsstücken bekommt man über einen

Kopfhörer, den man im Museum erhält. Dieses ist über einen Spazierweg neben dem kleinen Flüsschen Düssel erreichbar. Es dokumentiert auf mehreren Etagen das Leben der Urzeitmenschen und in fünf Themenbereichen die Evolution des Menschen.

Neben dieser Dauerausstellung werden auch Sonderausstellungen gezeigt, z.B. zur Himmelsscheibe von Nebra oder über die ältesten Operationen der Welt.

Wenn man vor dem Museumseingang die Straße überquert und am dortigen Parkplatz vorbei geht, gelangt man auf den so genannten Kunstweg. Dieser kann kostenlos begangen werden und zeigt mitten im Wald verschiedene Skulpturen unter dem Motto „Menschenspuren".

Über diesen Weg gelangt man auch zur Steinzeitwerkstatt, die nicht nur ein Programm für Kinder bereithält. In der Werkstatt lernt man das Feuermachen ohne Streichhölzer und Feuerzeug und wie man früher mit Pfeil und Bogen auf die Jagd ging.

Gleich neben der Steinzeitwerkstatt beginnt ein einstündiger Rundwanderweg um das **eiszeitliche Wildgehege.** Es wurde durch den Naturschutzverein Neandertal e.V. gegründet und präsentiert Tarpane, Wisente und Auerochsen, die gewissermaßen die Vorfahren unserer heutigen Rinder und Pferde sind.

Nach einem Rundgang um das Wildgehege gelangen wir wieder zur Steinzeitwerkstatt zurück und können den restlichen Kunstweg bis zum Museum an der Düssel entlang spazieren.

Planwagenfahrten durch das Neandertal
Fuhrhalterei Stertenbrink
Goeddinghofer Weg 19
40699 Erkrath
☎ (02 11) 90 07 81 2
www.fuhrhalterei-stertenbrink.de
Mit einem Planwagen bis in die Wälder des Bergischen

Er machte schon vor 40 000 Jahren Ausflüge

TOUR 51

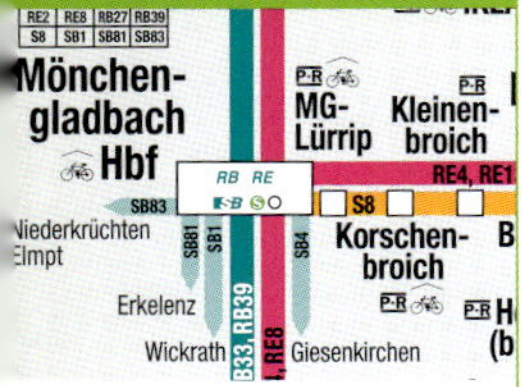

Start
Bhf. Mönchengladbach-Lürrip (S8)

Radtour
Für Kinder geeignet

Länge
MG-Lürrip – Schloss Rheydt – Wickrath 17 km

Rückfahrt
Bhf Wickrath
(RB 33 bis Mönchengladbach Hbf, 1 x stündlich)

MÖNCHENGLADBACH ▪ SCHLOSS RHEYDT

Von Schloss zu Schloss

Bei Mönchengladbach denken viele Menschen zuerst einmal an die Borussia. Dabei hat die Stadt noch ganz andere kulturelle Errungenschaften zu bieten. Zum Bespiel die beiden Schlösser Rheydt und Wickrath, die über einen Radweg miteinander verbunden sind.

Mönchengladbach ist eine verhältnismäßig junge Stadt und spielt mit ihrer geringen Einwohnerzahl im bundesdeutschen Vergleich eine eher untergeordnete Rolle. Auch der Name der Stadt hat sich im Laufe der Zeit immer nach anderen gerichtet. Eine genaue Wortherkunft ist bis heute nicht geklärt, sprach man in den vergangenen Jahrhunderten doch von Gladebach, Glatbach, Gledbich und Gladbecke. Hinzu kommen Namen wie Monnike Gladbeeck und Monichgladebacq.

Fest steht jedoch, dass Mönchen-Gladbach bereits 1683 erstmalig erwähnt wurde, sich aber in der offiziellen Bezeichnung nicht durchsetzen konnte. So kannte man daher nur Gladbach. Erst als man Verwechslungen mit dem nicht weit entfernten Bergisch-Gladbach vermeiden wollte, besann man sich wieder auf die längere Schreibweise. Damals allerdings noch als München-Gladbach, was wiederum zu Verwechslungen mit der bayrischen Hauptstadt führte. Den heutigen Namen erhielt die Stadt erst im Jahr 1960. Doch schon im 10. Jahrhundert wurde eine Klosterkirche errichtet, mit der die Geschichte der Stadt begann. Allerdings gibt es Annahmen, dass bereits ein Jahrhundert zuvor eine kleinere Kirche auf demselben Klosterhügel erbaut wurde.

Mit der Klostergründung siedelten sich zahlreiche Handwerker und Kaufleute um den entstandenen Marktplatz an. Sie sorgten dafür, dass die Gemeinde schon im 14. Jahrhundert die Stadtrechte erhielt. Das Klosterleben endete jedoch zu Beginn des 19. Jahrhunderts, als die Stadt Gladbach an Frankreich fiel. Das Gladbacher Münster, das als eines der wichtigsten Bau-

Städtisches Museum Schloss Rheydt
Schlossstr. 508
41238 Mönchengladbach
✆ (02 16 6) 92 89 00
www.schlossrheydt.de
Di-So 10-18 Uhr
3 €, Familienkarte 7 €

Café-Restaurant Herrenhaus
Schloss Wickrath 1
41189 Mönchengladbach
✆ (02 16 6) 84 60 63

werke der Stadt gilt, ist heute jedoch immer noch sehenswert. Sein Äußeres stammt zum großen Teil aus dem 13. Jahrhundert, in dem das Langhaus der Kirche errichtet wurde. Im Inneren kann eine Schatzkammer besichtigt werden, in der sich einige sakrale Kunstgegenstände befinden.

Das heutige Mönchengladbach entstand 1975 schließlich durch die Zusammenlegung der Städte Mönchengladbach, Rheydt und Wickrath. Vor über dreißig Jahren hätte dieser Tourenvorschlag dann also bedeutet, dass wir von der Stadt Rheydt zur Stadt Wickrath radeln.

Vom S-Bahnhof Lürrip nehmen wir die Volksbadstraße in südliche Richtung. Nach dem Überqueren der Korschenbroicher Straße folgen wir den Wegen entlang des kleinen Naturschutzgebietes. Sobald wir die Schlossstraße und einen kleinen Bach überquert haben, biegen wir links ab und radeln auf direktem Wege zum Portal von **Schloss Rheydt**. Das in orangefarbenen Tönen leuchtende Renaissance-Schloss ist von einem Wassergraben umgeben und besteht aus drei Gebäudeteilen. Erbaut wurde Schloss Rheydt im Wesentlichen in der zweiten Hälfte des 16. Jahrhunderts im Stil einer Zitadelle. Es wurde aber trotz des Walls und der Kasematten nie zu

Innenhof von Schloss Rheydt

einer geschichtsträchtigen Festung. Im Innenhof befindet sich ein kurzer aber sehenswerter Arkadengang.

Die Torburg haben wir soeben durchquert und sehen nun links vor uns die Vorburg. Auch diese passieren wir durch ein Tor und stehen anschließend vor der Hauptburg. Das Äußere der Anlage geht wie gesagt auf das Ende des 16. Jahrhunderts zurück, doch erstmals erwähnt wurde Schloss Rheydt bereits dreihundert Jahre zuvor. Durch einen weiteren Tordurchgang gelangen wir in den hinteren Teil der Burg. Hier geht es über eine schmale Holzbrücke zu den Kasematten und den Wallanlagen, die sich, von dichtem Grün umgeben, hinter der Hauptburg befinden. Im Inneren des Schlosses ist heute das Städtische Museum untergebracht, in dem Wechselausstellungen gezeigt werden. Auf dem Außengelände finden einmal jährlich im August die Rheydter Mittelalterspiele statt.

Unser weiterer Weg soll nach Süden führen, wo das Schloss Wickrath auf uns wartet. Hierfür radeln wir am einfachsten zurück zur Ritterstraße und biegen dort links ab. Schon nach dreihundert Metern treffen wir auf den Fluss **Niers.** Dieser entspringt bei Erkelenz und mündet nach rund 117 Kilometern in den Niederlanden in die Maas. Soweit wollen wir heute aber gar nicht und biegen am Fluss rechts ab. Auf der linken Seite die Niers, auf der rechten Seite Bauernfelder, so gelangen wir zur Zoppenbroicher Straße, wo wir die Flussseite wechseln. Die Wechsel der Uferseite ergeben sich aus der Radroutenbeschilderung (Niederrhein-Radroute), die uns immer direkt am Ufer entlang führt. Im dicht bewaldeten Bresgespark überqueren wir den Fluss erneut, um an der folgenden Römerstraße abermals auf der linken Flussseite zu radeln. Noch einige Male überqueren wir die Niers und radeln durch Grünanlagen, bis wir schließlich die Autobahn unterqueren und kurz darauf die Brücke zum **Schloss Wickrath** erreichen. Dieses wurde im 11. Jahrhundert das erste Mal erwähnt und wechselte im Laufe der Zeit mehrfach den Besitzer. Seit der Herrschaft der Franzosen entwickelte sich das Areal zu einem Pferdegestüt. Heute befindet sich hier das Pferdezuchtzentrum Wickrath, im Ostflügel sind Ställe untergebracht.

Zu sehen gibt es vom Schloss noch die Vorburg im barocken Stil sowie das Landstallmeisterhaus, das sich heute an der Stelle des einstigen Haupthauses erhebt. Die beiden rosafarbenen Gebäudeflügel stehen sich auf einer Insel gegenüber, die vom Fluss Niers umspült wird. Hinter dem Landstallmeisterhaus, in dem eine Gaststätte untergebracht ist, befindet sich ein kleiner Park mit Spielplatz und mehreren Rastmöglichkeiten am Ufer der Schlossteiche.

Am Kreisverkehr an der Schlosszufahrt geht es links in die Hochstadenstraße. In einer Rechtskurve beginnt die Quadstraße, die geradewegs auf den nahen Bahnhof Wickrath zu führt.

Schloss Wickrath hat mediterranen Charme

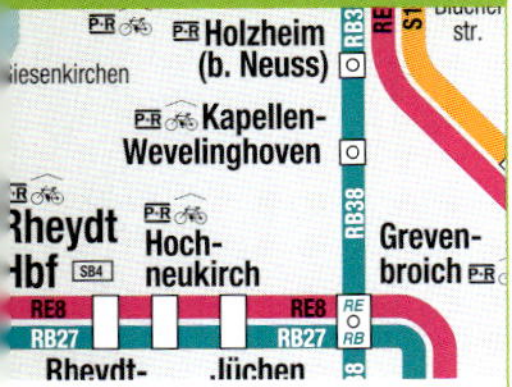

Start
Bhf. Kapellen-Wevelinghoven (RB 38) und Bus 869 und 877, alle 30 Min. bis Neuss Gut Hombroich
oder 3 km zu Fuß

Freilichtmuseum

Rückfahrt alternativ
Radtour über den „Strategischen Bahndamm" bis Bhf. Rommerskirchen, ca. 12 km

Stiftung Insel Hombroich
Minkel 2
41472 Neuss-Holzheim
☎ (02 18 2) 20 94
www.inselhombroich.de
Tägl. geöffnet,
im Winter 10-17 Uhr,
im Sommer 10-19 Uhr.
Sa/So 15 € für Erw.,
7 € für Kinder,
Mo-Fr 10 € für Erw.,
5 € für Kinder

Langen Foundation
Im Museum Insel Hombroich
Tägl. 10-18 Uhr
Ein Besuch der Ausstellung kostet zusätzlich, daher bietet das Museum ein Kombiticket an (5 € mehr als der übliche Eintritt)

NEUSS ▪ MUSEUMSINSEL HOMBROICH

Wo einst Raketen lagerten

Während des Zweiten Weltkriegs war die NATO bei Neuss mit einer Raketenstation präsent. Heute gehört das Gebiet zu einem Freilichtmuseum der anderen Art.

Zeigen Freilichtmuseen in der Regel historische Bauwerke der Region, so geht es hier vordergründig um Kunst. Auf der **Museumsinsel Hombroich** gibt es zwar architektonisch interessante Bauwerke zu sehen, jedoch sind diese eher im modernen Stil gehalten und nur ein Teil der Ausstellung.

Ursprünglich war das heutige Freilichtmuseum ein verwildertes Areal am Ufer des Flusses Erft, das vom Düsseldorfer Immobilienmakler und Kunstsammler Karl-Heinrich Müller 1982 erworben wurde. Er begann hier das Projekt **Kunst parallel zur Natur** und ließ auf dem vom Flüsschen Erft und einem seiner Seitenarme umspülten Gelände die ersten Gebäude errichten. Im späteren Verlauf vergrößerte Müller das Gebiet und erwarb nach Abzug der NATO auch noch die benachbarte Raketenstation. Seitdem sind auf dem 250 Hektar großen Gelände verschiedene Skulpturen namhafter Künstler zu sehen, die zwischen skurrilen Gebäuden und der grünen Auenlandschaft der Erft empor ragen. So ist das erste Bauwerk auf dem Rundgang durch die Parklandschaft der so genannte Turm, ein fensterloses und eher niedriges Haus, dessen Name ein wenig zu hoch gegriffen scheint. In der Folge erreicht man ein überdachtes Labyrinth, welches von einem Architekten gestaltet wurde. Auf verschlungenen Pfaden gelangt der Besucher zu Bauwerken wie dem 12-Räume-Haus oder dem Tadeusz-Pavillon. Einige dieser Bauten beherbergen die Kunstsammlung Müllers, in anderen Gebäuden sind Künstlerateliers untergebracht, die jedoch nicht alle für die Öffentlichkeit bestimmt sind.

Das Gelände der ehemaligen Raketenstation beherbergt heute das Kunst- und Ausstellungs-

Ausgefallene Architektur auf der Museumsinsel

haus der **Langen Foundation,** das auf der Architektur-Biennale in Venedig vorgestellt wurde. Im Inneren ist eine der größten Sammlungen japanischer Kunst der letzten achthundert Jahre zu sehen.

Bei der Architektur-Biennale drei Jahre später wurde, ebenfalls in Venedig, das neueste Projekt des Museums präsentiert: das „Raumortlabor". Dabei soll die Landschaft aufgeteilt werden in je ein Drittel Wiese und Weide, ein Drittel Kräuter und Obstgärten und ein Drittel Wald. Nur bei einem kleinen Rest ist lediglich Bebauung geplant. Das Projekt gilt als Landschaftsexperiment.

Mit einem Besuch dieses Freilichtmuseums stattet man also einem Kunstmuseum einen Besuch ab, hat aber zugleich auch die grüne Auenlandschaft der Erft um sich. Leider kann man auf den weiten Wegen nicht picknicken. Die Landschaftsschutzbehörde hat dem Museum zur Auflage gemacht, dass die Wege nicht verlassen werden dürfen.

Tipp: Wer nach so viel Kultur noch eine Radtour machen möchte, für den bietet sich der Rückweg über den **„Strategischen Bahndamm"** bis zum Bahnhof **Rommerskirchen** an. Die niemals fertig gestellte Eisenbahnstrecke war Anfang des 20. Jhs. vom Militär als strategische Umgehung der Städte Köln und Düsseldorf geplant worden. Nach dem I. Weltkrieg wurde der Bau allerdings von den Siegermächten gestoppt. Der Teil zwischen der Insel Hombroich und Rommerskirchen ist heute ein schöner Fuß- und Radweg. Er endet in Rommerskirchen-Nettesheim. Von dort ist es nicht mehr weit bis zum Bahnhof (RE 8 nach Grevenbroich, ab Grevenbroich Anschluss mit der RB 38 nach Neuss Hbf).

TOUR 53

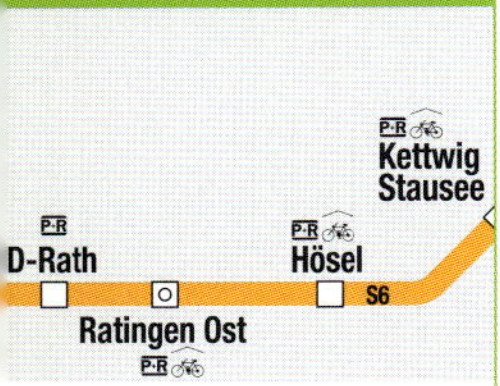

Start
Bhf. Ratingen-Ost (S6 ab Düsseldorf Hbf.) und 25 Min. Fußweg oder Bus 773 (stündlich)

Spaziergang
Freizeitpark
Für Kinder geeignet

Länge
See-Umrundung ca. 1 km

RATINGEN ▪ BLAUER SEE

Kinderparadies

China hat sein Gelbes Meer, bei Ägypten liegt das Rote Meer und die Stadt Ratingen hat einen Blauen See. Der ist nicht besonders groß, liegt dafür aber schön am Waldrand und bietet jede Menge Attraktionen für Kinder.

Der Weg ist das Ziel: Über die Straße „Zum Blauen See" gelangen wir zu dem am Nordrand von Ratingen gelegenen Gewässer. Bevor der See als solcher erreicht ist, geht es erst einmal vorbei an Freizeitangeboten, die Kinderherzen höher schlagen lassen: Miniscooter, Trampolinspringen, Gokartfahrten und so genannten Ufo-Booten, bei denen es sich um motorbetriebene Schwimmringe handelt.

Es folgen noch einige Fahrgeschäfte und Imbisse, bevor ein Hinweisschild zum Bootsverleih und damit zum See führt. Vorher werden Kinder im lesefähigen Alter bereits die nächste interessante Entdeckung machen: den **Märchenzoo am Blauen See.** Dieser wurde im Jahr 1952 erschaffen und führt den Besucher auf einem Rundweg durch das vier Hektar große Areal. Zu sehen gibt es verschiedene Tiergehege, die mit Kulissen von berühmten Märchenszenen kombiniert wurden. Neben Schweinen, Eseln und Kleintieren findet man zum Beispiel die Szenerie des Märchens „Der Wolf und die Sieben Geißlein" – allerdings

ohne Wolf, dafür mit Ziegen, die von den Kindern gestreichelt und gefüttert werden können. Natürlich dürfen im Märchenzoo auch Spielplätze und eine Miniatur-Eisenbahn nicht fehlen.

Am Bootsanleger haben wir die Möglichkeit, ein Ruder- oder ein Tretboot auszuleihen und den Blauen See vom Wasser aus zu erkunden. Besonders lohnt sich eine Bootstour zum gegenüberliegenden Ufer, das steil aus dem Wasser heraus ragt. Die Kalkstein- und Dolomitwände sind ein Beleg dafür, dass sich auf dem Gebiet des heutigen Sees in vergangen Zeiten ein Steinbruch befand. Dies erklärt auch, warum sich um den See ein hoher Erdwall befindet und kein flaches Ufer, wie man es von anderen Gewässern kennt.

Um den See herum gibt es einen ein Kilometer langen Wanderweg, der oberhalb des Uferbereiches verläuft. Ein Verlaufen oder Ins-Wasser-fallen ist dabei nicht möglich, da ein Metallzaun den Zugang zum Wasser verhindert. Auch auf dem Rundweg haben Kinder ihre Freude, zum Beispiel am Spielplatz im Wald, der ausschließlich aus Holzgerüsten besteht, oder am Hochseilklettergarten.

Der Blaue See eignet sich auch gut als Ausgangpunkt für größere Wanderungen oder Radtouren. Gleich nördlich liegt das große Waldgebiet **Oberbusch**. Richtung Osten bietet sich eine Tour entlang der Anger durch das grüne Angerbachtal an.

Märchenzoo
Am Blauen See 22
40878 Ratingen
☎ (02 10 2) 13 56 79
www.maerchen-zoo.de
Mo-Fr ab 11, Sa/So ab 10 Uhr
Erw. 2,50 €, Kinder 1,50 €

Hochseilgarten „erlebniswelt seillandschaft"
Zum Blauen See 20
40878 Ratingen
☎ (02 11) 15 15 96
www.erlebniswelt-seillandschaft.de.

Tretbootverleih
Mo-Fr 12-18 Uhr, Sa/So 10-18 Uhr
Tretboot 20 Minuten für 3,50 €, Ruderboot für 30 Minuten 3,50 €, Preise für bis zu 2 Personen, jede weitere Person 0,50 €

Auf dem Blauen See kann man Treetboot fahren

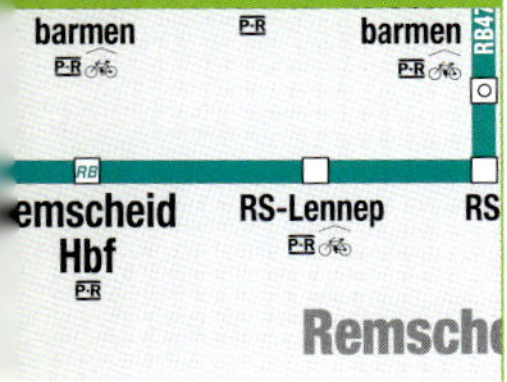

Start
Bhf. Remscheid-Lennep (RB 47)

(Rad-)Wanderung
Remscheid-Lennep – Wuppertalsperre – Hückeswagen

Länge
ca. 15 km einfach

Rückfahrt alternativ
Ab Hückeswagen Bus 336 nach Bhf. Remscheid-Lennep, 1x stündlich

REMSCHEID-LENNEP ▪ HÜCKESWAGEN

Radeln mit Durchblick

Diese Radtour bringt uns nicht nur von einer sehenswerten Altstadt in die nächste, sie führt uns auch in die grüne Natur des Bergischen Landes und zur Wuppertalsperre. Wer will, beginnt den Ausflug mit einem Besuch in einem Museum, das über einen gebürtigen Remscheider informiert, der weltberühmt wurde.

Am Bahnhof von **Remscheid-Lennep** geht es halbrechts in die Bahnhofstraße, an deren Ende wir links abbiegen um nach Überquerung der Poststraße halblinks über die Wetterauer Straße in die hübsche **Altstadt** von Lennep zu gelangen.

Damit befinden wir uns mitten in einer Kulisse des so genannten Bergischen Barocks. Dieser Begriff bezeichnet die Verschmelzung der für die Region typischen Lehmfachwerkbauweise mit barocken Formen. Über einhundert Gebäude der Lenneper Altstadt stehen unter Denkmalschutz. Die meisten Gebäude sind in der zweiten Hälfte des 18. Jahrhunderts entstanden, da fast die gesamte Stadt im Jahr 1746 durch ein Feuer vernichtet wurde.

Am **Alten Markt** befindet sich auch der zentrale Kirchplatz mit dem dazugehörigen Gotteshaus. Der Kirchturm ist noch ein Überbleibsel der alten mittelalterlichen Bebauung, seine markante, das Lenneper Stadtbild prägende barocke Turmhaube erhielt er erst später

Über die Berliner und Schwelmer Straße erreichen wir das **Conrad-Röntgen-Museum.** Es ist dem Mann gewidmet, der 1845 in Lennep geboren wurde und die nach ihm benannte Röntgenstrahlung entdeckte. Obwohl seine Familie bereits drei Jahre später die Stadt verließ, ehrt man ihn durch dieses Museum.

Um die Altstadt zu verlassen, radeln wir südostwärts und biegen links in die Mühlenstraße ein. Hinter dem Gartenfach-

Marktstraße mit Paulskirche in Hückeswagen

Museum mit Durchblick in Remscheid-Lennep

Conrad-Röntgen-Museum
Schwelmer Str. 41
42897 Remscheid
☎ (02 19 1) 16 33 84
www. roentgen-museum.de
Di, Mi, Fr 10-17,Do 10-21, Sa/So 11-18 Uhr,
Eintritt frei.

Heimatmuseum Hückeswagen
Auf'm Schloss 1
42499 Hückeswagen
☎ (02 19 2) 93 52 04
So 11-13 Uhr,
jeden 1. Sa im Monat
14.30-16.30 Uhr,
Eintritt frei.

markt nutzen wir die erste Möglichkeit, um die Hauptstraße rechts (Neuenteich) zu verlassen. Sodann biegen wir links ab (Färberweg) und radeln entlang bis auf der linken Seite ein Abzweig erscheint. Diesem Weg (Talsperrenweg) folgen wir bis zur Panzertalsperre mit ihrer unter Denkmalschutz stehenden Staumauer. Wir umrunden den Stausee im Uhrzeigersinn noch nicht einmal bis zur Hälfte und biegen erneut links ab. Dabei überqueren wir den Bauernhof Repsloh und radeln anschließend abermals nach links. Wir befinden uns hier im Feldbachtal und lauschen dem kleinen Wasserlauf namens Feldbach rechts neben uns. Nach einer Rechtskurve wird das Gewässer größer und plötzlich befinden wir uns an der **Wuppertalsperre.** Diese wurde in den 1980er Jahren errichtet. Bei der Stauung der Wupper wurden damals mehrere kleine Ortschaften überflutet – Tauchsportler haben heute ihre Freude daran.

Wir folgen dem Verlauf des Radweges am südlichen Ufer entlang und müssen nach Überquerung eines kleinen Staudammes etwas kräftiger in die Pedale treten, da es steil bergauf geht. Durch dichten Wald radelnd erreichen wir den Ortsteil Dürhagen, der bereits zu Hückeswagen gehört, und halten uns am Ende wieder rechts. Auf einem schönen Uferradweg passieren wir den Aussichtspunkt Am Bilstein, von dem man einen schönen Blick auf die Wuppertalsperre hat. Hier stehen auch die Überreste einer Ringwallanlage aus dem frühen Mittelalter.

Weiter auf dem Uferradweg erreichen wir später die Wuppervorsperre, auf der wir die Flussseite wechseln. Nach einer weiteren Brückenüberquerung haben wir das kleine Städtchen **Hückeswagen** erreicht und folgen dort der Beschilderung in den historischen Stadtkern. Dieser ist geprägt vom **Schloss Hückeswagen,** das sich auf einem kleinen Hügel erhebt und einen markanten Turm sein eigen nennt. Die ehemalige Burganlage wurde im 12. Jahrhundert das erste Mal erwähnt, der Turm stammt aus dem 13. Jahrhundert. Heute ist im Schloss das Heimatmuseum der Stadt untergebracht. Nebenan steht die ev. Pauluskirche, die im Jahre 1783 als Neubau für die bei einem Feuer stark beschädigte Nikolauskirche errichtet wurde.

Restaurant Kö3
Kölner Straße 3
42499 Hückeswagen
☎ (02 19 2) 15 80
Altstadtlokal mit rustikaler und heimischer Küche.

Schloss Hückeswagen

Start
Bhf. Velbert-Neviges

(Rad-)Wanderung
Velbert-Neviges – Velbert Mitte

Für Kinder geeignet

Länge
9 km einfach (Radrouten und Ortsstraßen, teils Steigungen)

Rückfahrt alternativ
Velbert-Mitte Parkstraße, Bus 169

Schloss Hardenberg
Zum Hardenberger Schloß 4
42553 Velbert
☎ (0 20 53) 91 22 12
Di-So 10-12 und 14-18 Uhr
Der Eintritt ist frei.
Dauerausstellung der Stein'schen Gemäldesammlung, Malerei der Düsseldorfer und Münchener Schule, Geschichte der Wallfahrt in Neviges.

VELBERT ▪ SCHLOSS HARDENBERG

Klein, aber fein

Dass Ausflüge ins Grüne nicht immer kostspielig sein oder mit großen Attraktionen verbunden sein müssen, beweist ein Ausflug nach Velbert.

Ausstieg in **Velbert-Neviges**: Der schön gelegene Ort hat einen historischen Stadtkern aus bergischen Fachwerkhäusern rund um die alte evangelische Stadtkirche. Auch ein Schloss und eine Burg gibt es: **Schloss Hardenberg** ist ein barockes ehemaliges Wasserschloss. Es geht auf eine Gründung der Herren von Hardenberg zurück und wurde Ende des 17. Jahrhunderts zu seiner heutigen Form umgebaut.

Die Anlage besteht aus dem Hauptschloss und einer südlich davon gelegenen Vorburg, die von einer Parkanlage umgeben sind. Die Ursprünge des Schlosses liegen in der zweiten Hälfte des 13. Jahrhunderts. Heute ist Schloss Hardenberg ein Museum und Aufführungsort für Theater und Konzerte. Die Vorburg wird zurzeit restauriert. Ein bereits renovierter Teil beherbergt eine Galerie.

Etwa 500 Meter südwestlich stehen auf einem Hügel die Überreste von **Burg Hardenberg**, die vor ca. 700 Jahren durch einen Brand zerstört wurde. Wahrscheinlich handelt es sich bei der Ruine um die alte Stammburg derer von Hardenberg.

Eine ganz andere Attraktion findet man im 9 km entfernten **Velbert-Mitte**, das wir über Radwege und Nebenstraßen ereichen: Den **Herminghauspark**. Der über 90 Jahre alte Park wurde jedoch in den letzten Jahren aufwändig umgestaltet. Seitdem gibt es einen großen Abenteuerspielplatz mit Wasserspielen, auf dem die Kleinsten ihre Freude haben. Neu ist auch der Kükelhausrundweg, der über einen Kilometer lang ist und uns an elf verschiedenen Spiel- und Erlebnisstationen vorbei kommen lässt. So gibt es den großen Summstein zu erleben, in dem

Schloss Hardenberg in Velbert-Neviges

man sich mit dem Kopf hinein legen und selbst verursachte Schwingungen spüren kann, oder das Oktoskop, das ähnlich funktioniert wie ein Kaleidoskop. Beliebt ist auch immer wieder der Wasserstrudel, hervorgebracht durch die schnellen Drehungen an einer Kurbel.

Beim weiteren Spaziergang durch den Park gelangen wir zum Tiergehege, das im Zuge des Umbaus ebenfalls modernisiert wurde. Es beherbergt heimische Tierarten wie Esel, Ponys oder Ziegen, die gestreichelt werden dürfen.

Wer beim Ausflug in den Herminghauspark auch an seine Schwimmsachen gedacht hat, der kann im benachbarten **Erlebnisbad** ins kühle Nass abtauchen. Wie im Park gibt es auch im Freibadbereich Rasenflächen zur Erholung, nur mit dem Unterschied, dass sich diese rund um zwei Außenschwimmbecken befinden. Zudem gibt es noch ein überdachtes Becken mit Massagestationen. An manchen Tagen wird über dem Wasser noch eine Leinwand herab gelassen, auf der man sich einen Film anschauen kann.

Gegenüber, auf der anderen Straßenseite, führt ein kleiner Wanderweg namens Zur Mühlen in eine weitere, ruhige Grünanlage. In dieser Anlage befindet sich übrigens auch der begrünte „Deckel“ der Autobahn 44, die hier unterirdisch verläuft. Gleich nebenan liegt der Waldfriedhof.

Herminghauspark
Cranachstraße Ecke Günter-Weißenborn-Straße
Tägl. geöffnet
Sommer 7-18 Uhr, Winter bis zum Einbruch der Dunkelheit
Eintritt frei, ebenso in das Tiergehege

Parkbad am Herminghauspark
Parkstr. 21
42551 Velbert
☎ (02 05 1) 45 58
www.stwvelbert.de/homepage/baeder/parkbad.htm
Mo 10-21.30 Uhr,
Di, Mi, Fr 6.30-21.30 Uhr,
Do 6.30-16.30 Uhr,
Sa/So 8-18 Uhr

Start
Wuppertal-Vohwinkel Schwebebahn (10 Minuten Fußweg vom Bhf. Wuppertal-Vohwinkel)

Schwebebahntour
Stadtbesichtigung
Für Kinder geeignet

WUPPERTAL ▪ SCHWEBEBAHN-TOUR

Über der Wupper, durch das Tal

Ein besonderes Erlebnis ist eine Fahrt mit der Wuppertaler Schwebebahn. 20 Stationen werden von diesem Wahrzeichen Wuppertals angesteuert, die meisten liegen direkt über dem schmalen Fluss Wupper. Rechts und links der Strecke liegen die Sehenswürdigkeiten, die den Besucher erwarten.

Die **Wuppertaler Schwebebahn** gab es schon, bevor die Stadt unter dem heutigen Namen existierte. Im Jahr 1929 schlossen sich die Städte Barmen und Elberfeld zusammen und nannten sich etwas einfallslos Barmen-Elberfeld. Die einstige Stadt Barmen ist übrigens bis heute als Sitz der Barmer Ersatzkasse bekannt. Ein Jahr nach der Zusammenlegung der beiden Gemeinden erhielt die neue Großstadt nach einer Bürgerbefragung den Namen Wuppertal. Damals fuhr die Schwebebahn schon fast drei Jahrzehnte über der **Wupper** entlang.

Durch diese geschichtliche Besonderheit werden wir auf der Fahrt zwischen den beiden Endhaltestellen Vohwinkel und Oberbarmen Bahnhof zwei Rathäuser und zwei Innenstädte sehen.

Die etwas über 13 Kilometer lange Strecke der Schwebebahn wurde im Jahr 1901 freigegeben. Heute befördert sie rund 75 000 Menschen pro Tag – und ist damit die Hauptschlagader des Öffentlichen Personennahverkehrs in Wuppertal. Der Name dieses Verkehrsmittels ist eigentlich irreführend, denn natürlich haben die Konstrukteure die Schwerkraft nicht überwunden. Die richtige Bezeichnung müsste eigentlich Hängebahn lauten. Die Technik unterscheidet sich, streng genommen, nicht von einer herkömmlichen Eisen- oder Straßenbahn: Die Räder der Bahn rollen auf einer durchgehenden Schiene. Der Unterschied besteht nur darin, dass die Wag-

Wuppertaler Schwebebahn

Länge: 13,3 Km
Fahrzeit von Endstation zu Endstation: knapp 35 Minuten
Höchstgeschwindigkeit :60 km/h
20 Bahnhöfe, darunter der Jugendstil-Bahnhof Werther Brücke und der 1999 eröffnete Bahnhof Kluse mit seiner markanten Glas-Stahlkonstruktion

gons der Schwebebahn unter der Schiene eingehängt sind, statt auf ihr zu fahren.

Die Schwebebahn gilt als eines der sichersten Verkehrsmittel der Welt, dennoch hat es in der Vergangenheit spektakuläre Unfälle gegeben. Der ungewöhnlichste war wohl, als der Zirkus Althoff einen Elefanten zu Werbezwecken in der Bahn transportieren ließ. Dem Dickhäuter gefiel das allerdings gar nicht und er beendete die Fahrt mit einem Sprung in die Wupper. Das berühmte Bild, das auch heute noch gerne als Andenken verkauft wird, hat es aber nie gegeben – es ist von je her eine Fotomontage gewesen.

Wir starten unsere Schwebebahntour am Bahnhof **Vohwinkel,** der westlichen Endstation. Hier befindet sich auch die einzige Schwebebahnwerkstatt der Welt. Weniger als einhundert Meter von dem Haltepunkt entfernt, lohnt ein Gang zum Rathaus des Stadtviertels Vohwinkel. Das prächtige Gebäude aus der Wende zum 19. Jahrhundert ist mit seinem auffälligen Turm und den vier Erkern an jeder Ecke des Turmes nicht zu übersehen.

Auf unseren ersten Metern mit der Schwebebahn gleiten wir über der **Kaiserstraße** hinweg. Auf dieser wird einmal im Jahr, am letzten Sep-

Fährt seit 1901: Die Wuppertaler Schwebebahn

Der Botanische Garten liegt auf einem Hügel über Elberfeld

temberwochenende der größte Flohmarkt der Welt veranstaltet. Dieser hat es auf Grund seiner Besucherzahlen sogar bereits zu einem Eintrag in das Guinnessbuch der Rekorde gebracht. Ob als Besucher auf dem Flohmarkt oder als Schwebebahnfahrgast, so oder so passieren wir bald das **Gebhardgebäude** an der Kaiserstraße. Das historische Backsteingebäude aus der zweiten Hälfte des 19. Jahrhunderts diente einer Seidenweberei als Verwaltungssitz, wird heute jedoch überwiegend nur noch von kleineren Geschäftslokalen genutzt.

Zoologischer Garten
Hubertusallee 30
42117 Wuppertal
☏ (02 02) 56 33 60 0
www.zoo-wuppertal.de
Tägl. 8.30-18 Uhr, 8 €,
Kinder 4 €.
Schwebebahnstation:
Zoo/Stadion

Es folgen die Haltestellen Bruch und Hammerstein und als nächstes überqueren wir das Sonnborner Kreuz, ein Verkehrsknotenpunkt der Autobahn 46 und der Bundesstraße 224. Nach der Haltestelle Sonnborner Straße erreichen wir eine der wichtigsten Sehenswürdigkeiten Wuppertals, den **Wuppertaler Zoo.** Kurz vor der Haltestelle passieren wir jedoch zunächst in einer Linkskurve das Fußballstadion, in dem der Wuppertaler SV zuhause ist und schweben von diesem Punkt an nicht mehr über Asphalt, sondern über der Wupper. Über die Hubertusallee erreichen wir in rund 300 Meter Entfernung den Haupteingang des Tierparks. Gegründet wurde der Zoo, dessen Wappentier ein Pinguin ist, mit gerade einmal drei Dutzend Tieren im Jahr 1879. Heute nennen über 5000 Tiere den Zoo ihr Zuhause.

Zwischen den Haltestellen Varresbecker Straße und Westende erhalten wir das Gefühl, eine Werksbahn der Bayer AG zu sein, denn an den Ufern der Wupper und somit auch neben der Bahnstrecke, erhebt sich das älteste Werksgelände des weltbekannten Chemieunternehmens. Heute ist Bayer zwar untrennbar mit dem Namen Leverkusen verbunden, doch gegründet wurde die Firma in Wuppertal.

Hinter Westende lohnt ein Spaziergang am Nordufer der Wupper, wo wir zu einem weiteren Wahrzeichen der Stadt gelangen. Denn typisch für die sehr hügelige Stadt sind die vielen öffentlichen Treppen, die im gesamten Stadtgebiet fast 9000 Stufen aufweisen. Die **Vogelsauer Treppe** hat zwar nur 110 Stufen, ist aber ein architektonischer Höhepunkt bei den vielen Stiegen der Stadt. Sie verbindet die Vogelsaue mit der Friedrich-Ebert-Straße, ebenso wie die 200 Meter weiter östlich liegende **Jakobstreppe,** die als die längste durchgehende Treppe Wuppertals gilt. Kurz vor der Jakobstreppe können wir an

Eine von rund 500 öffentlichen Treppen in Wuppertal: Die Flensburger Treppe

Botanischer Garten
Elisenhöhe 1
42107 Wuppertal
((02 02) 56 34 20 7
www.botanischer-garten-wuppertal.de
Freilandbereich:
April-Sept. 7.30-19 Uhr, sonst bis 18 Uhr, im Winter bis 16.30 Uhr.
Am Wochenende erst ab 9 Uhr.
Glashäuser:
April-Sept. 11-18 Uhr, sonst bis 16 Uhr geöffnet, Eintritt frei.
Schwebebahnstation: Landgericht

Historisches Zentrum
Museum für Frühindustrialisierung
Engels-Haus
Engelsstr. 10/18
42283 Wuppertal
((0202) 563 64 98
www.historisches-zentrum-wuppertal.de
Di-So 10-18Uhr
Erwachsene: 4 €, Jugendliche bis 16 Jahre 2 €,
Kinder bis 7 Jahre frei
Schwebebahnstation: Adlerbrücke

Uhrenmuseum Abeler
Poststr. 11
42103 Wuppertal
((02 02) 49 39 90
www.abeler.de
Sa 11-14 Uhr, Eintritt frei.
Schwebebahnstation: Hauptbahnhof

der Haltestelle Pestalozzistraße wieder in die Schwebebahn einsteigen. Hinter dem Haltepunkt Robert-Daum-Platz sehen wir auf der rechten Seite die so genannte **Schwimmoper** mit ihrer beeindruckenden Glasfassade, die ein öffentliches Schwimmbad beherbergt. Gleich daneben erhebt sich das historische Gebäude der Stadthalle, die im Inneren mit zahlreichen Goldverzierungen geschmückt ist.

Als nächstes erreichen wir das Stadtzentrum von **Wuppertal-Elberfeld.** Mit seinen Geschäften und Fußgängerzonen unterscheidet es sich aber kaum von anderen Stadtzentren. Gesehen haben sollte man jedoch das Rathaus von Elberfeld. Es wurde zusammen mit der Schwebebahn von Kaiser Wilhelm II. eingeweiht und ist bis heute ein imposanter Anblick am Nordrand des Neumarktes. Durch die Zusammenlegung mit Barmen hat es seine Funktion als Rathaus verloren und dient fortan nur noch als Verwaltungsgebäude.

In der Poststraße steht das **Wuppertaler Uhrenmuseum.** Es enthält ca. 2000 Exponate. Draußen an der Fassade des Gebäudes ertönt viermal täglich ein Glockenspiel. An der Ecke Post- und Schwanenstraße zeigt die ungewöhnliche Drei-Räder-Uhr die Zeit an. Zeit wird es auch, wieder in die Schwebebahn einzusteigen und die Haltestellen Kluse und Landgericht anzusteuern. Letztere bringt uns zum **Botanischen Garten,** der sich auf einem Hügel rund 90 Meter oberhalb der Wupper befindet. Direkt neben den zahlreichen exotischen Pflanzen steht der Elisenturm. Von dem Aussichtsturm hat man einen weiten Blick aufs Tal, zum Beispiel zur Bergischen Universität, die sich am südlichen Wupperufer befindet. Ebenfalls südlich der Wupper, aber drei Haltestellen später (Völklinger Straße, Loher Brücke, Adlerbrücke), erreichen wir das Historische Zentrum mit dem **Engelshaus** und dem **Museum für Frühindustrialisierung.** Das Museum hat die sozialen und technischen Veränderungen der Zeit von 1780 bis 1850 im Wuppertaler Raum zum Thema.

Im Engels-Haus wird das Leben von Friedrich

Engels dokumentiert, einem Mitbegründer des wissenschaftlichen Sozialismus.

Mit der Haltestelle Alter Markt befinden wir uns schließlich im **Zentrum** von Wuppertal-Barmen. Auch dieses ist von Geschäften und Einkaufszentren geprägt. Weniger spektakulär als das Elberfelder Rathaus präsentiert sich das klassizistische **Rathaus von Barmen,** erbaut 1923. Auf dem Rathausplatz steht ein Bronze-Brunnen (1981) von Bert Gerresheim, der die wechselvolle Geschichte der Stadt reliefartig darstellt. Nicht weit ist es von hier zum Barmener Brauhaus, das ursprünglich als Badeanstalt gegründet wurde aber anstelle eines Schwimmbeckens heute die größte Theke der Stadt beherbergt. Hier kann man vor Vollendung der Schwebebahnfahrt zwischen einem Hellen und einem Dunklen Wupperbier, selbstverständlich selbst gebraut, wählen.

Als Abschluss steuern wir nun noch die letzten drei Haltestellen mit den Bezeichnungen Werther Brücke, Wupperfeld und Oberbarmen an, wobei besonders die Haltestelle Werther Brücke auf Grund ihres Jugendstilbahnhofs noch einen Blick wert ist.

Wuppertaler Brauhaus
Kleine Flurstr. 5
42275 Wuppertal
✆ (02 02) 25 50 50
www.wuppertaler-brauhaus.de
11-24 Uhr, Fr und Sa bis 1 Uhr, mit Biergarten.
Schwebebahnstation: Alter Markt

Im Luisenviertel in Elberfeld

RAD- UND WANDERTOUREN

TOUREN MIT KINDERN

SPAZIERGÄNGE

Krefeld-Linn Tour 4
Duisburg Innenhafen Tour 5
Duisburg Landschaftspark Nord Tour 6
Duisburg Rheinhafen Tour 7
Duisburg Seenplatte Tour 8
Oberhausen Gasometer Tour 10
Oberhausen Eisenheim Tour 11
Bottrop Vonderort Tour 14
Bottrop Kirchhellen Tour 16
Gladbeck Wittringen Tour 17
Essen Baldeneysee Tour 18
Essen Grugapark Tour 20
Essen Siepental Tour 22
Essen Schurenbachhalde Tour 24
Gelsenkirchen Rheinelbe Tour 25
Bochum Botanischer Garten Tour 27
Bochum Stadtpark Tour 30
Herten Wasserschloss & Westerholt Tour 34
Recklinghausen Halde Hoheward Tour 35
Dortmund Hallery Tour 37
Dortmund Westfalenpark Tour 38
Hamm Maximilianpark Tour 42
Düsseldorf Kaiserswerth Tour 47
Düsseldorf Benrath Tour 48
Mettmann Neandertal Tour 49
Ratingen Blauer See Tour 53
Velbert Schloss Hardenberg Tour 55
Wuppertal Schwebebahn Tour 56

ALTE STÄDTE & DÖRFER

Xanten Archäologischer Park Tour 2
Moers – Kamp-Lintfort – Rheinberg Tour 3
Krefeld-Linn Tour 4
Essen Deilbachtal Tour 19
Essen Grugapark Tour 20

Essen Kettwiger Stausee Tour 21
Herten Wasserschloss & Westerholt Tour 34
Werne Tour 40
Wetter Harkortsee Tour 41
Hagen Westfälisches Landesmuseum Tour 43
Unna Altstadt Tour 45
Solingen Müngstener Brücke Tour 46
Düsseldorf Kaiserswerth Tour 47
Mönchengladbach Rheydt Tour 50
Düsseldorf – Zollfeste Zons Tour 52
Remscheid-Lennep Hückeswagen Tour 54

INDUSTRIEKULTUR

BESONDERE MUSEEN

Liebe Leserinnen und Leser,

alle Angaben in diesem Ausflugsführer sind gewissenhaft geprüft. Trotz gründlicher Recherche unserer Autoren/innen können sich manchmal Fehler einschleichen. Wir bitten um Verständnis, dass der Verlag dafür keine Haftung übernehmen kann. Über Hinweise, Berichtigungen und Ergänzungsvorschläge freuen wir uns jederzeit.

via reise verlag
Lehderstraße 16-19
13086 Berlin

E-mail: post@viareise.de
www.viareise.de

IMPRESSUM

ISBN: 978-3-935029-31-5

Text und Recherche
Michael Moll

Redaktion
Klaus Scheddel, Stefanie Pott

Herstellung und Gestaltung
Tanja Onken via reise verlag, Berlin

Kartografie
Tanja Onken via reise verlag, Berlin

Druck
Westermann Druck Zwickau GmbH

Wir danken dem Verkehrsverbund Rhein-Ruhr (VRR) für die mediale Unterstützung.

Fotonachweis
Arbeitsgemeinschaft Muttenthalbahn e.V. 109; Aquazoo-Löbbecke Museum 155; L. Buscher-Ciupke 104; C-Bra/Pixelio 122; 132-133; Domino/Pixelio 149; Düsseldorf Marketing & Tourismus GmbH 159; Duisburg Marketing GmbH 6, 22-23, 27, 29; Arbeit & Bildung Essen GmbH 60; Essener Verkehrs-AG 85; Fotodichter/Pixelio 81; Gasometer Oberhausen GmbH Karola Kohler 31; Markus A. Giersch/Pixelio 21; Grugapark Essen 62-63; Gerhard Hagenkötter 91, 92; Holger Jehle 13; Kreisstadt Unna, Pressestelle 143; Ludwig Galerie Schloss Oberhausen Haring 32; LWL-Industriemuseum: A.Hudemann/M.Holtappels 108, 116-117, 129; Maximilianpark Hamm GmbH 1, 137; MKM – Manfred Wakolbinger, Wien 19; Michael Moll 9, 16, 17, 34, 35, 42, 45, 46, 47, 49, 56-57, 69, 86, 89, 111, 112, 113, 115, 118, 125, 127, 141, 146, 150, 153, 157, 163, 167, 170-171, 185, 186; Morty, lizenziert unter Creative Commons (2.0 Deutschland) 151; Thomas Max Müller/Pixelio 42, 65, 67, 79, 160; Ulrich Otte – Düsseldorf Marketing & Tourismus GmbH 154; Carsten Plein/Pixelio 102-103; Revierpark Gysenberg 101; Tomas Riehle – Stiftung Insel Hombroich 169, 187; Dirk Röttgen/Pixelio 51; Ernst Rose/Pixelio Umschlagseite 3, 134; Ruhr.2010 GmbH 121; Ruhr.2010 GmbH Reinicke/StandOut.de 71, 187; Ruhr.2010 GmbH Manfred Vollmer 72, 75; Ruhr Tourismus GmbH 144, 145; Ruhr Tourismus GmbH Joachim Schumacher Cover hinten; Ruhr Tourismus GmbH Ralph Lueger 184; RuhrtalBahn GmbH 109; Rheinisch-Westfälische Wasserwerksgesellschaft mbH 37, 38; Schloss Beck GmbH 52, 53; Schlosshotel Hugenpoet GmbH 66; Heike Schüler/Pixelio 107; Stadt Bochum, Presse- und Informationsamt 95, 96, 97, 99; Stadt Duisburg 24, 25; Stadt Gelsenkirchen 76-77; Stadt Gladbeck Cover vorn, 54-55; Stadt Hagen Karsten-Thilo Raab 129, 186; Stadt Hückeswagen 173, 175; Stadt Kamp-Lintfort 6, 15; Stadt Moers 12; Stadt Remscheid 174; Stadt Solingen 4; Stadt Velbert 177; Stadt Velbert Christian Seel 61; Stadt Wuppertal, Medienzentrum 179, 180, 181, 183; Stadtmarketing Werne GmbH 131; Städtisches Museum Schloss Rheydt 165; Axel Thünker DGPh Umschlagseite 2, 11; Dirk Wolf/Pixelio 59.

via reise verlag

12,90 €

ISBN 978-3-935029-23-0

10,90 €

ISBN 978-3-935029-20-9

Berlin besuchen

www.viareise.de

9,90 €

ISBN 978-3-935029-16-2

Linienplan Schnellve

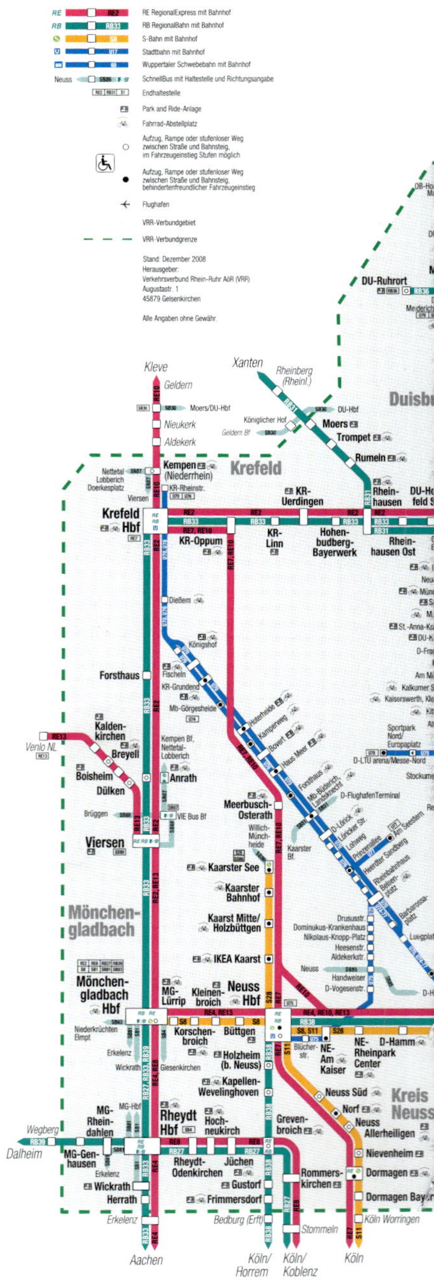